日本語かけこみ寺

―こんな日本語、だいじょうぶ？―

日本語かけこみ寺縁起

ここは「日本語かけこみ寺」。京都の西方、京都外国語大学日本語学科の中川良雄研究室の別称である。

住職の中川良雄先生（教授）は、日本語教育・日本語教員養成を専門とし、とりわけ日本語教育方法論や日本語教師論に詳しい。また自らが日本語教師でもある故、巷の日本語や日常生活で見聞きする日本語にはやたらと敏感である。おかしな日本語に出くわすと、しばしば警鐘を鳴らしている。

住職の人好きな性格と人を引きずり込むような話のうまさに絆され、日本語に興味を持つ人たちが、老若男女を問わず、毎日かけこんでくる。

読者諸氏も、ここ「かけこみ寺」に参拝し、しばし住職の説法に耳を傾けてみてはいかがだろう。日本語や日本語教育に疑義を感じていたあなたの悩みは、きっと解決されるであろう。それぞ住職の本望で、悩める人に救いの手を差し伸べることが本かけこみ寺の本義である。

説法は、百八話で構成されている。毎回の説法に耳を傾けながら、一つひとつの煩悩を消し去っていけば、日本語・日本語教育に関する悩みは解消され、現世に光明が差し込むであろう。

「日本語かけこみ寺」目次

日本語かけこみ寺縁起
説法1　日本語って、どうやって教えるの？
説法2　日本語がじょうずですね
説法3　あいづちはコミュニケーションの活性剤
説法4　インプット・アウトプット
説法5　きわめて危険
説法6　こきくるくる
説法7　フィラー
説法8　「ボケ」と「ツッコミ」
説法9　J－ALERT
説法10　あいさつ行動
説法11　あつっ！
説法12　ありがとう
説法13　いわざる美学
説法14　お暑うございます
説法15　お弁当、あたためますか
説法16　お弁当、あっためどうされますか
説法17　「押し」の力学
説法18　グローバル？
説法19　これはペンです
説法20　だいじょうぶです
説法21　タブーの話
説法22　～ていただいてもよろしいですか
説法23　どれくらいの距離で話せばいいの？
説法24　なんだろう
説法25　「はい」と「いいえ」
説法26　フォリナートーク
説法27　ティーチャートーク
説法28　どういたしまして
説法29　マツキヨを右に曲がって
説法30　やさしい日本語
説法31　よろしかったら…
説法32　歌って覚える
説法33　疑心暗鬼
説法34　今日はちょっと
説法35　左側通行
説法36　時間があったら行きたいなあと思います
説法37　失礼の話
説法38　上司の挨拶はなぜ長い
説法39　新人研修
説法40　先生は推薦書を書きましたね
説法41　大阪・京都方面からご乗車のお客様
説法42　知らぬが仏
説法43　中川です、よろしくお願いします
説法44　日本人は「あし」でご飯を食べます
説法45　日本語コミュニケーション
説法46　聞き取り名人
説法47　方言をどう扱う？
説法48　間(ま)の文化
説法49　メールがもじか(文字化)して読めませんでした
説法50　隣はなにをする人ぞ
説法51　隣りはなに人？
説法52　「KY」

説法53　あかふく
説法54　トウセキをする／受ける
説法55　お決まりになられましたら
説法56　あらかじめお買い求めの上ご乗車ください
説法57　お降りになる際まで小銭をご用意ください
説法58　お化粧室へ行ってきます
説法59　お電話お借りして
説法60　お名前頂戴してもよろしいですか
説法61　おもろすぎ
説法62　カブる
説法63　コーヒ250円
説法64　コーヒー飲みたい
説法65　ご乗車になられましたら
説法66　この電車は、京都まではやくなります
説法67　これ、めっちゃやばい！
説法68　これから～会が始まります
説法69　これ、すごいすごいです
説法70　これまでに経験したことのない…
説法71　ご注文は以上でよろしかったでしょうか
説法72　コンタクトをする
説法73　しょせん敬語、されど敬語
説法74　しっかりとカードをタッチしてください
説法75　～しなければならない
説法76　つまらないの話
説法77　なごみ文化
説法78　なので
説法79　ネコに小判
説法80　ひとつ、ふたつ

説法81　ぼくはうなぎだ
説法82　似て正なる敬語
説法83　一応学生です
説法84　一日一膳
説法85　雨に降られた
説法86　携帯電話での通話はご遠慮ください
説法87　間もなくすると電車が揺れます
説法88　財布を盗まれた
説法89　細雪、小雪
説法90　司会を見つけました
説法91　私たち結婚します
説法92　自分的には…
説法93　弱冷車は1号車と2号車です
説法94　正直疲れました
説法95　助数詞
説法96　先生、おかばん持ってさしあげましょう
説法97　大和ことば
説法98　他己紹介？
説法99　手を洗う
説法100　到着次第
説法101　ハンパない
説法102　燃えるゴミ／燃えないゴミ
説法103　腹痛が痛い
説法104　無理
説法105　メダルなしでは帰られへん
説法106　落ちはりましたよ
説法107　8時ぐらいに起きました
説法108　1、000円からお預かりいたします

説法1　日本語って、どうやって教えるの？

かけこみ人　日本語教育に関心を持ちました。でも具体的にどうやって教えるのか、まったく知識がありません。私でも教えられるでしょうか。

住職　「日本語って、どうやって教えるの？」とよく訊かれます。「英語を使って教えるの？英語は万国共通語だから」と思っている人が大半ではないでしょうか。「日本語クラスには、中国や韓国、タイなど、英語を使わない人もたくさんいます」と言うと、「すると先生は、英語も中国語も韓国語も…」ということになります。「日本語を使って教えるのですよ」と言うと、怪訝そうな表情をされてしまいます。

日本語を解する人なら、だれでも日本語は教えられる。しかし効果的に教えられるかというと、「だれでも」というわけにはいかなくなります。

日本語にしろ、英語や〇〇語にしろ、「教師が教える」のではなく、「学習者が学ぶ」という考えが基本にあります。教師は、「支援者」として学習者の自発的学習を手助けする任務に徹するべきです。

今日五課を学習するとすると、学習者には、四課までの項目なら理解できるはずですよね。そこで教師は、四課までの表現や語彙を使って、新たに五課の項目を導入します。ここで大切なのは、決して教えてはいけないということです。英語や中国語を使って教えるとか、日本語でまくし立ててはいけない理由は、教師が教えることに得意になってしまって、学習者の存在を忘れてしまっているところにあります。

〝Learning by doing〟という考えがあります。「何かをすることによって学ぶ」。つまり、「言語は何かをすることによって結果的に学ばれる」。授業では、学習者が日本語を使う機会が最大限に与えられるべきでしょう。

最初の疑問に立ち返って、「日本語ってどうやって教えるの？」。効果的な日本語教育には、テクニックや方法論がありそうです。それを学ぶことに意義があるのです。

本かけこみ寺に是非足繁く馳せ参じていただき、結願までお勤めいただくと、日本語教育とは何ぞや、とご理解いただけると思います。

かけこみ人 日本語を教えるって、そう簡単なことではなさそうですね。しかしなんだか有意義なことが学べるような気がします。今後ともどうぞよろしくお願いいたします。

説法2　日本語がじょうずですね

かけこみ人 先生は、これまでに多くの外国人に接してこられたと思うのですが、「この人は日本語がうまい」といえる人はいましたか。また「うまい」ってどんなことなのでしょうか。

住職 私たちはよく「日本語がうまい」とか「へただ」とか評価しますが、その「うまい／へただ」とは何を基準に判断しているのでしょうか。

日本人とはまったく風貌や肌色の異なる人が「こんにちは」といっただけで、「めっちゃ日本語うまい」と評価し、日本人と見分けのつかない人が結構難しいことをいっても、「あの人なまっている、日本語へただ」と評価しがちになりますよね。外国人日本語弁論大会でも、日本人とは髪の色、肌の色の異なる人が賞をもらうことがよくあります。

では真に「日本語がうまい」とはどんなことでしょうか。日本語能力試験でN1に合格したとか、漢字をいくつ知っているという単なる知識だけのものでしょうか。

私が考えるに、「日本語がうまい」とは、「日本語を使って何かができる」ではないでしょうか。

例えば「可能形」を学習したら、ただ可能形の作り方が分かったというだけではなく、可能形を使って、「ピアノが弾けます」(能力)、「ここで両替できますか」(許可)、ここに車は止められません」(禁止)など、可能形を使って何かができるようにならなければならないと思うのです。

昨日まではできなかったことが、今日授業に参加することによって「できる」ようになった。そういう「できる」(自己紹介ができる、注文ができる、お願いができる、上手に断ることができる)、そういうできることを積み重ねていって、日本語を使ってできることがたくさんある、それが真の日本語能力だと考えます。

最近の日本語能力試験も、この〝Ｃａｎ ｄｏ〟を重視し、「何語程度の文章が読める」とか「評論文が読める」とかの能力基準を定めています。

さてここまで私の文章が読めれば、日本語何級かな?

かけこみ人　この能力基準って、日本人にも当てはまるのではないでしょうか。じょうずに自己紹介できない人もいますし、断るのが下手な人もいますよね。私なんか、日本語能力かなり低そうです。

説法3　あいづちはコミュニケーションの活性剤

かけこみ人　私たち日本人は、人と話しているとき、よくあいづちを打ちますが、外国の人って、あまりあいづちを打たないように思います。あいづちを打つのは相手に失礼になるのでしょうか。

住職　確かに日本語は、あいづちの多い言語である、といわれています。人の話に、「はい、えー、うん、そうそう」などと頻繁にあいづちを打ちますね。一方英語などの言語では、さほどあいづちを打ちません。相手の話が終わってから話し始めるのですね。電話で欧米人と話していると、本当に聞いているのか不安になってきます。反対に日本人がしきりとあいづちを打つものですから、欧米人はそれが「承諾」のサインだと勘違いしてしまいます。

日本語では、相手との距離を確認しあいながら会話を進行させるのです。「聞いているよ」というサインを送りながら、相手の話をまずは引き出します。そして最後には「でもね…」などと逆転ホームランを食らわすことになるのです。よく夫婦漫才などで、夫・妻のどちらかがおしゃべりで、他方はあいづちを打つだけ、という光景を見かけますが、漫才が面白いのは、このような日本語ならではの談話構造があるからでしょう。ちょうど餅つきで、つき手と合いの手の息が必要なのと同じですね。あいづちが上手に打てれば、人の話が上手に聞けて、会話が活性化するといってもいいでしょう。

あいづちとよく似たものにフィラーがあります。「あのー、えっと、まあ」など、言葉が詰まったときに次の言葉を捜す間合いとして使われます。話し手自らが時間を稼ぐだけではなく、聞き手にも時間を与えて考えるスペースを提供しています。日本の偉いお方のスピーチを聞いていると、フィラーばかりがしきりに現れて、肝心の本論よりも合計時間をカウントすると長いくらいです。もしテレビのニュースキャスターがやたらとフィラーを打ったら、時間内にニュースが伝えられなくなってしまいます。大学の講義でもフィラーの多い先生は、授業料を返せともいわれかねません。

あいづちであれ、フィラーであれ、日本語の会話促進剤として重要な働きをしていることにはちがいなく、日本語教育ではただ文法構造を教えるのではなく、円滑なコミュニケーション展開のための談話指導も必要となってくるのです。

かけこみ人　あいづちにも機能があるんですね。じょうずにあいづちを打って、会話上手といわれるようになりたいです。

説法4　インプット・アウトプット

かけこみ人　先日京都で、観光客だと思うのですが、「とりまる(烏丸)へ行きたいのですが」と尋ねられました。単なる読み間違いだとは思えないのですが、どうしてこんな間違いが起こるのでしょう。

住職　私も何度もこんな経験をしています。

ついこのあいだも、学生にプレゼンテーションをさせていたら、「真言宗たかのやま(高野山)」という学生がいて、びっくりしました、というよりショックを受けました。外国人留学生ならいざ知らず。なぜこんなことになるのか、ずっと考えていたのですが、思うに、インプットとして情報が入らないためであろうと考え至りました。つまり自分の世界に閉じこもりがちで、他の世界の情報は、目にも耳にも入らない。殊に「聞く・聴く」力が極度に劣化しているのではないかと考えます。

情報がデジタル化され、ニュースや天気予報も、自分の関連情報のみを検索して済ませます。世の流れにはまったく無頓着になってしまっているのです。人と会話を交わさず、情報はすべてパソコンやスマホからスポット的にダウンロードするため、周辺情報に触れることがありません。しかも情報の多くは、動画や画像で、文字・音声情報に変換されることがありません。

テレビやラジオの天気予報を聞いていれば、「こうやさん(高野山)で初雪が降りました」などと、聞く機会もあろうにと思います。

言語学者のクラシェンは、「良質のインプットが良質のアウトプットにつながる」と考えました。まずはインプット能力を鍛えることから始め、情報をインテイクしていけば、良質のアウトプットにつながると思うのですが。ただ知識として知っているかどうかというよりは、情報入手の姿勢に問題がありそうです。

いつぞやラジオのMCが、「人格のとうち(陶冶)」と言っていたのが気になりました。これなども、自分以外のテリトリー情報であるがゆえ、インプットされにくく、アウトプットにつながらないのでしょう。

かけこみ人　そうですね。今は情報が溢れすぎていて、ついつい自分の利益に結び付く情報しかインプットされていないため、いざというときにアウトプットに結び付かないのでしょうね。

説法5　きわめて危険

かけこみ人　最近スマートホンを操作しながら駅のホームを歩いていて、ホームから転落する人が増えているそうですが、何かいい対策はないのでしょうか。

住職　「携帯電話やスマートホンの歩きながらの操作は、…きわめて危険です。…やめてください」JRの駅のホームからこのようなアナウンスが聞こえてきたのです。JRのアナウンスには、しばしば苦言を呈してきた私でしたが、このアナウンスには、見事あっぱれと拍手喝采を送りたいと思います。

「きわめて危険」「やめてください」に注意したいのですが、つまり「たいへん危険」よりもさらに「これ以上危険なものがない」のが「きわめて危険」で、「ご遠慮ください」や「お控えください」よりも注意を喚起しているのが「やめてください」となるでしょう。

これまで幾度となく、「優先座席とその付近では通話はご遠慮ください」や「食事中のおタバコはご遠慮ください」といってきても、だれも通話やタバコをやめることはありませんでしたよね。このようなアナウンスが流れることで、「歩きスマホ」がなくなるか、観察していきたいと思っています。

ところで最近は、「たいへん」や「きわめて」に代わって、「めっちゃ」で片付けてしまう傾向がありますよね。これでは程度の大小を表すのは難しいでしょう。「めっちゃ危険」といわれても、どのくらい危険なのかは推測しがたく、むしろ冗談ぽく聞こえてしまって、だれも危険だとは思わないかもしれません。若者言葉には、そんな「きわめて危険」な側面が潜んでいるようですね。

「私語をやめろ」といってもなかなか私語の減らない学生にどう叱責すればいいか思案しているのですが、「授業中の私語は究極に迷惑だ。ガチでやめろ！」とでもいったほうが通じるのでしょうか。

朝廊下ですれ違ったアメリカ人留学生が、パンを片手にかじりながら、「おはようございます」と挨拶してきました。「歩きながらの食事はきわめて失礼です」といいたかったが、控えておきました。

かけこみ人　そうですね。確かに「たいへん」よりは「きわめて」のほうが、程度は増すでしょうし、「やめてください」といわれれば、普通やめますよね。先生のおっしゃるように、このアナウンスでどのくらい「歩きスマホ」がなくなるか、楽しみですね。

説法6　こきくるくる

かけこみ人　中学の国語の時間に、「こきくるくる」とか、未然連用終止連体とかいって覚えたのですが、日本語教育でも同じようなことをやるのですか。

住職　よく質問されることですが、結論からいってやりません。

そもそも日本語教育は国語教育とは目標が異なりますので、ただ呪文のようなものを唱えるのではなく、実際に使えるようにしてやることが重要です。

そこで、未然とか連用とかいうのではなく、「ます形」とか「て形」とか「ば形」とか「辞書形」とかいって、実際の形で活用させます。また動詞は、「書く」や「読む」などの「う」で終わるものをグループⅠ、「食べる」や「見る」などの「る」で終わるものをグループⅡ、「来る」と「する」をグループⅢと分類します。

そして呪文ばかり唱えるのではなく、正しく活用できるようにしてやると同時に、その形を使って何かができるようにしてやらなければならないのです。

例えば「〜て形」を勉強したら、「〜てください」とか「〜ています」などが表現できるようにしてやらなければならないのです。

さらに形容詞は、「大きい」や「長い」などの「い形容詞」と「静かな」「元気な」などの「な形容詞」に分類されます。形容詞・形容動詞という分け方ではありません。日本語教育のほうが合理的な気がしませんか。

呪文を唱えるようなことがあったとしても、それは正確に覚えるための反復練習です。

日本語教育文法は、国語文法よりすっきり整理され、理解しやすくなっているといえるでしょう。外国語教育の一つとして日本語教育を考えるといいでしょう。

かけこみ人　私はあの呪文が苦手だったのですが、私にも日本語文法ならとっつきやすいのではないかと思いました。

説法7　フィラー

かけこみ人　日本語ではよく、「あのう」とか「えっと」とか言いますよね。他の言語ではあまり聞かないように思いますが、これは日本語の特徴なのでしょうか。

住職　「あのー」や「えーっと」など、次のことばが出てこないときに無意識に発せられることばを「フィラー」といいます。かつては「言いよどみ」と呼ばれ、会話を滞らせるとして、好意的に評価されていなかったのですが、近年の日本語教育では、談話展開上重要な機能を持つとして、積極的に研究対象となってきています。

たとえば道を尋ねるときに、「京都駅はどこですか」といきなり話しかけてもだれも振り向いてはくれませんよね。ところが「あのー」と話しかければ、相手の注意を引きつけることができるわけです。さらにトーンを低くして、長く発すれば、いいにくいことを持ちかける、というように、会話の導入剤としての機能を有していることがわかります。「えーっと」は、次のことばを発するまでの間を取り繕う機能があると説明されます。

日本人はよくフィラーを発するといわれます。それは、日本語が絶えず相手の理解を確認し、間を取りながら会話を進める言語だからなのです。

しかしテレビのアナウンスなどではフィラーは禁物です。フィラーの分だけ、ニュースの時間が短くなってしまいます。よく「あのー、あのー」とフィラーを多用する人がいるが、これは単にことばが出てこないという話しベタにすぎません。

日本語教育では、フィラーには談話形成上重要な機能があることを学習者に伝え、自然にフィラーが打てるよう指導します。

皆さんには、フィラーを打ちすぎることのなきよう、会話の促進剤としてフィラーを用いていただきたいですね。

かけこみ人 確かに日本語は、ただ一方的に話すのではなく、相手との掛け合いで会話を成立させています。そのためにフィラーが重要な役割を果たすのですね。

説法8 「ボケ」と「ツッコミ」

かけこみ人 私は地方から京都へ出てきたのですが、京都の人の話す言葉って優雅でゆったりしていると思っていたら、けっこう速くて、なかなかついていけません。なぜでしょう?

住職 大学には全国津々浦々から学生が集まってきますよね。殊に京都は学術都市であるため、いろいろな地方から学生が上京(?)してきます。この大学の場合、学生のおよそ50%が非関西人だそうです。

地方出身の学生が京都(関西)にやってくると、いわゆる方言(関西弁)に戸惑うことが多いと思います。最近ではテレビなどの普及で関西弁を耳にする機会も多いでしょうが、「おおきに」(ありがとう)や「わからへん」(わからない)、「行かはる」(いらっしゃる)などの関西弁には往生する(困る)のではないでしょうか。

標準語との違いは、ただアクセントや語彙・表現の相違のみならず、会話の展開方法にも現れるんですね。

こんな研究があります。Aさんと Bさんが会話をしている場合、Aさんの発話が終わってどのくらいのポーズを置いてBさんが発話するか。関西では、Aさんの発話の終了を待たずして（いわば重なるように）Bさんの発話が始まるそうです。会話の展開が速く、非関西人にはテンポの速い会話に参加しづらいと聞きます。関西の漫才と関東の漫才とでは、確かにテンポが違います。関西では一人の発話単位も短いようです。関東出身の学生が、関西弁の先生の講義ノートを取るのに苦労したという話も聞きます。こうした談話展開は、ターン・テイキング（発話の順番取り）として日本語教育の研究対象となります。日本語は、他の言語に比べて、あいづちを多用するために、あいづちを合図にターンを取ることも多いのです。日本語の中でも、関西では発話単位が短く、ターンが多い。まさに関西の漫才ですね。「ボケ」と「ツッコミ」を思い出しました。「ツッコミ」の多いのも関西なのです。

かけこみ人 京都（関西）で生活しようと思ったら、まずは京都（関西）人のノリをマスターするのが先決かもしれませんね。

説法9 J－ALERT

かけこみ人 最近うちの近くにJ－ALERTやらが設置され、緊急の災害時に備えているのですが、そこから発せられる日本語がどうも聞き取りにくいのです。これじゃせっかくの警報も意味がないですよね。

住職　まさにおっしゃる通りです。

近ごろの天気予報では、「これまでに経験したことのない大雨」という表現がよく使われるようになりましたね。昨年は、本当にそのような大雨が襲来し、「特別警報」なるものが発令されるようになりました。このかけこみ寺からほど遠くない嵐山でも、まさに「記録的な」災害に見舞われたことは記憶に新しいことと思います。被害に遭われた方に衷心よりお見舞い申し上げます。

私の自宅のすぐそばにもJ－ALERTが設置され、緊急時には情報が発信されることになっています。あの災害時にも問題なく装置は作動しました。ところが、発信情報の一部が聞き取れないのです。音声が籠るのに加えて語彙の選択に問題があるようです。これではALERTの意味がないですよね。

日本語教育を勉強している方々には、ただ「どう教えるか」や「どう理解させるか」ばかりでなく、「どう伝えるか」の能力開発にも力を注いでほしいと願います。

昨今の日本は、確実に多文化共生社会へと向かいつつあります。外国人とのコミュニケーションの機会が増すことはいうまでもありません。そんなとき、日本語教育を学ぶ者なら、「どう伝えればよいか」、そのテクニックを心得ているはずです。

先日、スピーチ・コンテストの来賓としてベトナムへ行ってきたのですが、コンテスト出場者の一人が「ベトナムのコッカは蓮です」といったのです。国家?国歌?国花?と考えてしまいます。こんな場合は、「ベトナムのコッカ、つまり国の花は」といえばよいでしょう。ニュース番組でも、「シアン、試みの案」などといい換えが行われていますよね。

日本語教育の知見を持つ人が、活躍できる舞台は、大きく開けつつあります。日本語教育に未来あれと思う次第です。

かけこみ人　人にものを伝えるって難しいのですね。ただ話せばいいのではなく、どうすればうまく伝わるか、考えるのがプロの技ですね。

説法10　あいさつ行動

かけこみ人　先生はいつも、私たちに「おはようございます」と笑顔で声をかけてくださいますね。朝先生にお会いすると、いつも「今日は頑張ろう」という気持ちになります。先生には不思議なパワーがあるのですね。

住職　元国立国語研究所・元名古屋外国語大学学長の(故)水谷修先生が面白い実験をしていらっしゃいます。朝、皇居外苑をジョギングしているとき、向かい側から同じようにトレーニングウェアを着て走ってくる人に「おはようございます」と声をかけたところ、ほとんどの人が「おはようございます」と返してくれたそうです。さらに今度はスーツに身を包み、仕事に向かう人に「おはようございます」と声をかけても、ほとんどが無言であったと報告していらっしゃいます。

またある人の話によると、ドイツを旅行中、ホテルのエレベーターで乗り合わせたドイツ人が、見知らぬはずであるのに〝Ｇｕｔｅｎ ｍｏｒｇｅｎ〟(おはようございます)と声をかけてきたそうです。

この二つは、コミュニケーション行動上面白い対称をなしています。つまり日本人は同郷人や志を同じくする人にいっそうの親近感を覚え、ドイツ人(など)は、見知らぬ人に声をかけておくことで「自分は怪しい人物ではない」と断っておく心理が働いているのだといえるでしょう。

私自身も海外旅行中、日本人を見かけるとホッとするし、関西弁を聞くと心の休まる感じがします。

パリから日本へ帰る空港待合室で、「日本の方ですか」と聞かれたことがあります。「はい」と答えると、「荷物を見ていてくれ」というのです。日本人なら心が許せる、安心できる、とでもいうのでしょうか。

日本にも多くの外国人が共生し、多文化が共生する時代が到来しましたね。これまでの日本式コミュニケーション法では通用しないこともあるのではないでしょうか。こんなときこそコミュニケーションの基本である「あいさつ」を見直してみてはどうでしょうか。

かけこみ人　私もこれから、笑顔であいさつしようと思います。なんだかみんなが笑顔になれるような気がします。

説法11　あつっ！

かけこみ人　「あつっ！」とか「うまっ！」とかいうような言葉を開口いちばん発する人がいますが、正しいコミュニケーション・スタイルなのでしょうか。

住職　確かにそんな言い方をよく耳にしますね。うだるような暑さに思わず「あつっ！」といってしまいます。「あつっ！」「やばっ！」「うまっ！」などと、開口いちばん評価を下すいい方が若者に流行っていますね。

先日、「先生ちょっと聞いてくださいよ」と、愚痴をこぼした学生に、「やばっ！」と返したら、しばらくして「先生の口からそんな言葉が出るとは思わなかったので、分からなかった」といわれました。

若者言葉やキャンパス用語、職業語といったものは、いわばパスワードのようなもので、仲間入りのための身分証明書ともなるのです。私がなにも若者扱いされたいというわけではありませんが、職業柄学生の言葉遣いには敏感になりますし、多様な言葉遣いには長けていると思っています。

しかし開口いちばんに感想を漏らすのはあまりにも短絡的で、「日本語らしからぬ」ことではないかと思います。英語なら、〝Ｏｈ、ｗｏｎｄｅｒｆｕｌ！〟などと、オーバーアクション気味に感想を述べるのが似合いそうな気がします。

日本語はそもそも「対話型言語」で、他者との掛け合いで「お暑うございます」「おいしおすなあ」などと、他者と評価を共有することが多いですよね。他者とのコミュニケーションに苦手な若者が、「独話型」感想を述べるに至ったのではないかと考えていいでしょう。

エアコンのきいた研究室を訪ねてきた学生に、開口いちばん「すずしっ！」といわれました。この言葉になんと返せばいいのか躊躇しました。「先生こんにちは」とか「失礼します」などといってくれれば、「はい、こんにちは」などと返答できるのですが、「すずしっ！」には、やはり「やばっ！」と返すしかないでしょう。

かけこみ人　確かに先生のおっしゃる通り、会話には「開始の合図」が必要で、「あつっ！」とかいわれると、返答に困りますね。

説法12　ありがとう

かけこみ人　先生のお好きな言葉は何ですか。よくテレビなどでこんな調査をやっていますよね。

住職　「日本人の好きなことば」は何か？　あるときテレビのニュースでこんな発表がありました。第1位は「ありがとう」で、第2位は「思いやり」だそうですが、数年前の調査では、「努力」や「根性」が上位にランキングされていたそうです。また年代別には、「努力」や「根性」などの漢語を挙げるのは、高年齢者ほど増えるそうです。

私の年代では、修学旅行などの土産物屋で、「努力」「根性」「忍耐」などと書かれた飾り物がよく売れていたように記憶しています。スポーツ選手がサインを求められて添える言葉も、やはりこれらの漢語でしょう。日本人なら漢字の意味はおのずと分かるので、それらの言葉が日本人の心の象徴として好まれている(いた)のは納得できます。

毎年年末には、「その年を漢字一字で表せば」という発表もありますね。それほど漢字は、表意文字として、一字一句が日本人の心の奥深くにしみ込んでいる感がします。

今回選ばれた「ありがとう」や「思いやり」は「癒し系」の語彙に分類されるでしょう。日本人の精神も「鍛練・修養」から「安息・保養」へと変化し、時代の要請も、「独立独歩」型から「他者共存」型へシフトしつつあると考えられます。

何年か前ですが、フランス人の好きな言葉は、〝crystal（クリスタル）〟、〝amour（アムール）〟だと聞いたことがあります。言葉の意味を重視する日本人に対して、音の響きを重視するフランス人がいるのは、対照的で面白いですね。

これから先、日本はどんな時代へと変貌し、どんな言葉が好まれることになるのでしょう。この一文を読んでくださった方々に「ありがとう」。

かけこみ人　「ありがとう」といわれて、いやな気のする人はいないでしょうから、こうした感謝の言葉こそ、日本人の心の象徴として愛され続けてほしいです。

説法13　いわざる美学

かけこみ人　日本人って、物事をはっきり述べませんよね。〝Yes〟なのか〝No〟なのか、はっきりしないといわれますが、それって、いいことなのでしょうか。

住職　「どこへ行きますか」「ちょっとそこまで」「そうですか。行ってらっしゃい」

こんな会話が成立するのも日本語だけではないでしょうか。日本語には「いわざる美学」があるようです。つまり多くを語らなくても「あうん」の呼吸で人間関係が保たれるのです。「お茶でも飲みに行きませんか」「今日はちょっと」「そうですか。じゃ、また今度」なども、深く理由を追及しないところに日本流美学があるようです。

先日仕事帰りに京都でバスに乗ったのですが、そのバスが真新しく、ごく最近導入されたばかりのような新型だったので、降り際に運転手さんに「このバス、いつ導入されたのですか」と尋ねました。すると運転手さんの答えは、「最近です」。最近なのは分かっていて、さらに詳しく、「2〜3日前だ」とか「今日導入されたばかりだ」とかの答えを期待していたのに、これでは会話が展開しません。「何台くらい導入されたのか」「導入されたばかりのバスに乗れてラッキーだった」とか、私の会話継続意欲は削がれてしまいました。

少し前のことですが、ある若手セールスマンが電話をかけてきました。「今忙しいので」と断ると、「じゃ、いつ時間がありますか」と来たのです。そこで日本流会話展開のルールを説明してやると、「それならはっきり断ればいいじゃないですか」と反論してきました。どうも日本語教科書のモデル会話とは異なった表現を好む人たちがいるようです。

日本人のコミュニケーション能力は、もはや危機的に衰退しつつあるのではないかと心配されます。人と人が面と向かって、相手の顔色をうかがいながら会話を交わす機会が薄れていっているためでしょう。日本語教科書をしっかり暗記した日本語学習者のほうが、ひょっとして日本語がうまいかもしれませんね。

かけこみ人　人と会話を交わすのが面倒だと思っている人もいるようです。現代人のコミュニケーション方法も変化していって、情報は人から入手するものではなく、自分で取るべきものだと考えているのでしょうか。

説法14　お暑うございます

かけこみ人　最近、企業の方からいただくメールや電話応答などで、「いつもお世話になっています」というのがやたらと多いように感じますが、そのような研修を受けていらっしゃるのでしょうか。

住職　大阪市内の、ある日本語学校での教師会で、「お暑うございます」と挨拶したら、笑いが起こったのです。よほど古臭い表現だと思われたのでしょうか。

確かに、最近いただくメールや電話応対では、「いつもお世話になっています」で始まることがやたらと多いように感じます。また企業人の挨拶では「お疲れさまです」が多いようです。先の日本語学校でも、他の方の挨拶では、皆「お疲れさまです」から始まっていました。

そもそも日本では、「今日は暑いですね」とか「よく降りますね」などの天候時候に関する挨拶を交わすのが慣例だと思っていましたが、「ふるっ！」と思われて寂しくなりました。

以前学生に「お安うございます」といういい方など聞いたことがないといわれたことがあります。もっとも「おはやい→おはよう」「ありがたい→ありがとう」「よろしい→よろし(ゅ)う」と同じ原理で変化するはずですから、なんら「おかしゅうない」。

日本語は、相手と時空間を共有することによって、円滑な人間関係を築く言語なのでしょう。「お暑いですね↓お暑うございます」「おはやいですね↓おはようございます」と、相手への配慮を表すことで、相手との距離を縮めていると考えられます。

「お暑うございます」といわれて、なんら暑さが解消されるわけではありませんが、せめて同じ思いの人がいてくれるだけでも暑さの和らぐ気はしませんか。

「お世話になっています」「お疲れさまです」などの儀礼的な挨拶はやめて、その場その時を象徴する挨拶表現に変えていくと、社員の共有感も増し、結束感も生まれるのではないでしょうか。

かけこみ人　ここまでお読みいただいて、ありがとうございます。共感してくださる方がいらっしゃれば嬉しゅうございます。

かけこみ人　本当に、儀礼的な挨拶ばかりで、心情を表す挨拶表現はしてはいけないような雰囲気がありますものね。

説法15　お弁当、あたためますか

かけこみ人　最近コンビニやファーストフードの店などで、ずいぶんおかしな日本語が使われているように思うのですが、先生はどうお感じになりますか。

住職　そうですね。ときに嘆かわしいことがあります。「お弁当、あたためますか」と聞かれて、思わず「えっ、だれが？」といってしまったことがあります。これなら客である私が店のレンジを借りて自分であたためることになってしまいます。店員さんがあたためるのなら、「お弁当、あたためましょうか」と提案してほしいところです。

コンビニやファミレスなどで使われる言葉は「マニュアル語」と呼ばれるのですが、とかく間違いが多いですね。それがマニュアルとして受け継がれ、それを耳にする人がだんだん間違い意識を持たなくなっていくのは恐ろしいですね。「お鍋の方、熱くなっております」「10、000円からお預かりします」なども今ではかなりの市民権を得ているようです。

「お弁当、あっためどうしますか」「ミルクとお砂糖はどうされますか」などは、相当に通い慣れた人でないと、どう返答すればいいのか難しいです。ましてや場面や状況経験の浅い日本語学習者には、まるで日本語以外の外国語のように聞こえるかもしれません。

日本語教師をしていると、日本語の間違いにやたらと敏感になります。私がここでいいたいのは、「間違いを正せ」というのではなく、対人コミュニケーションを意識した、より理解されやすい日本語の使用を心がけるべきだということです。日本語教育の目的は、決して日本語文法を学ぶことではなく、コミュニケーションの仕方を学ぶことにこそあるべきです。

多くの外国人が街に暮らす今、日本語教育、ひいてはコミュニケーションの取り方について学ぶのは決して無駄ではないでしょう。

かけこみ人　そうですね。コンビニに通い慣れた人なら分かるけれども、使い慣れない人には分からない、独特のコミュニケーションの仕方があるようですね。

説法16　お弁当、あっためどうされますか

かけこみ人　たまにコンビニで買い物をすると、店員さんの日本語にびっくりすることがあります。先生はそんな経験されたことがおありですか。

住職　私はしょっちゅう戸惑っています。

先日コンビニでお弁当を買ったところ、「お弁当、あっためどうされますか」と聞かれて、思わず苦笑いしてしまいました。実は、このような日本語を聞くのは初めてではありません。他の店でも何度か聞いたことがあります。マニュアル語もここまで進化(劣化)したものかと悲しくなってしまいました。

ファーストフードの店でコーヒーを注文しても、「お砂糖とミルクはどうされますか」とか「サイズはどうされますか」などと聞かれ、返答に戸惑うことがしょっちゅうあります。私のようなコンビニやファーストフード店に通い慣れない者には、「自分であたためる」といえるのか、「たっぷり入れてくれ」といえば料金が高くなるのか、「どんなサイズがあるのか」と聞きたくなります。

日本語教育においても、WH疑問文への返答は難易度が高いのです。殊に「どうして」「どうやって」「なぜ」

などの状況・理由説明を求める疑問文は、母語話者でさえ返答しづらいですよね。学習者が返答に窮しているようなら、選択疑問文やＹｅｓ／Ｎｏ疑問文に変換して助け船を出します。学習者にコミュニケーションに参加させるのが目的です。

「お弁当、あたためましょうか」とか、「サイズはＳＭＬのどれがよろしいですか」などといってくれれば、私でもちゃんと答えられます。

「こちらでおめしあがりですか」という早口の切り出しはとても難しいです。日本語学習者には、「めしあがる」という敬語は知っていても、さらに二重敬語の「おめしあがりになる」、そしてその名詞形の「おめしあがり」なんてのは習ったことがありませんよ。

外国人のコンビニ利用も多いことでしょう。ここで一度、日本語教育の知恵を拝借してマニュアル語を見直してはいかがでしょうか。

こんな私の意見、「どう」思いますか。

かけこみ人　先生のおっしゃるマニュアル語に慣れてしまうと、それが正しい日本語だと思えてきて、それがどんどん広がっていくのですね。

説法17 「押し」の力学

かけこみ人 最近、相手に配慮した表現がだんだん薄れ、ずいぶんと直接的にものをいう人が増えているように思うのですが、先生はそうお感じになりませんか。

住職 おっしゃる通りです。私も感じています。

先日、ゼミの日本人学生が、「今日は山本さんの誕生日なので、みんなでビアガーデンへでも行こうと思うのですが、先生のご都合はいかがですか」と授業後に聞いてきたのです。「今日ねえ…」と非明示的返答をすると、「じゃ先生、いつのご都合がよろしいですか」と押してきました。私の返答の仕方が悪かったのか、それともおごらせようとでも思っているのでしょうか。

私の担当する大学院生が、非明示的な返答にどう答えるか調査したところ、予想とは裏腹に、非明示的「配慮」表現に留学生は、「そうですか、残念です」などと引くのに対し、日本人の場合は代案を求める傾向が強いというのです。留学生の場合、母語干渉から、明示的返答を求めると予想されますよね。

日本語教科書には、「今日はちょっと」「え、今日ですか」などと間接的に断るのを「配慮表現」「気配り表現」などと、日本人の美徳として紹介しています。すなわち日本語学習者には、「刷り込み」が働いたと考えられるのですが、この「引き」の美学は、もはや日本社会では通用しないのでしょうか。確かに引いていては、セールスなどはできるはずもありませんよね。

人対人の関係が希薄になり、対人コミュニケーションの機会が薄れつつある昨今、相手への配慮を怠ると、人間関係が喪失してしまいます。メールやツイッターなどでは、顔の表情や声調から真意を感じるのが難しく、明示的(直接的)表現が好まれるのですね。

こんなことを考えていたら、「先生、今日授業のあと、お時間ありますか。明日締め切りの奨学金願書の日本語見ていただきたいのですが」と、留学生がやって来ました。さすがにこの依頼には、「今日はちょっと」と逃げ切れず、「はい、いいですよ」と押されるままでした。

かけこみ人 本人が本来持っていた美意識が崩れていくのは、とても残念ですね。

説法18 グローバル?

かけこみ人 最近、どこへ行っても外国人が多くて、町での対応も少し変化しているのではないかと思うのですが、先生が何かお気づきになったことはありますか。

住職 そうですね。先日、知り合いの外国人が来日したので、久しぶりに京都・金閣寺へ出かけたのですが、京都市バスで、停留所のアナウンスが日本語、英語、韓国語、中国語でなされているのに驚きました。しかも有名寺院の手前では、その簡単な説明も日本語と英語でなされているのです。もっとも合成音なので、発音はおかしいのですが、観光客には便利ですね。

駅やデパート、大型電気店などでは、少し前から外国語アナウンスが流れていましたが、この市バスの取り組みに敬意を表したいと思います。

また京都駅改札前のエスカレーターの手すりには、「手すりにおつかまりください」との注意が、日・英・韓・中で表示されるようになりました。さすがに「外国人が一番訪れたい都市」だけのことはありますね。

とはいえ、こうした対応に一抹の寂しさを覚えてしまいます。外国語を学ぶ(教える)大学に勤務しているせいでしょうか、アナウンスしているからそれを聞け、書いてあるからそれを見ろ式の対応では、日本の国際化は望めないと思うのです。

グローバル化が叫ばれる昨今ですが、真のグローバル化とは、表面だけのグローバルではなく、内面からのグローバルでなければならないですよね。

外国語、日本語を学ぶ意義は、ただ言葉だけを学ぶのではなく、異文化(多文化)コミュニケーションを可能とする、言葉の裏に潜む何かを学ぶことにこそあるべきです。外国語ベタの日本人が外国語が話せるようになることは望ましいことですが、外国語カブレするのではなく、日本のよさを認識して伝えられる、それがグローバルではないでしょうか。

金閣寺境内で立ち寄った茶店で、〝Ｗｅｌｃｏｍｅ〟と声をかけられました。「おこしやす」といってほしかったです。

かけこみ人　外国人を受け入れるためには、ただ言葉だけの問題ではなく、日本人性を養うことも大切なのですね。

説法19　これはペンです

かけこみ人　英語を習った時、〝This is a pen〟から始まって、ことあるたびに、〝This is a pen〟と呪文のように唱えていたんですが、日本語でも「これはペンです」から始まるのですか。

住職　はい、多くの日本語教科書では、「これは本です」とか「私は中川です」から始まると思います。文法を理解するためには、もっとも基本となる文型だからです。

しかし考えてみれば、「これは本です」とか「私は中川です」なんて、普段それだけで使うことってありませんよね。わざわざいわなくても、「知っているよ」ということになります。ただ「これはペンです」というだけでは、何らコミュニケーションしていることにはならないのです。言語教育の最大の目標は、コミュニケーション能力の育成にあると思うのですが、コミュニケーションで重要なのは、知らないから聞いて、何らかの情報や知識を得ることです。なんだか得体のしれないものを見て、「これは何ですか」「あっ、それはペンですよ」などと、情報交換されてこそ、真のコミュニケーションであるといえるでしょう。道が分からないから尋ねることによって、目的地へ行けるようになった、これぞコミュニケーションですよね。

日本語の教室では、ただ「これはペンです」と場面の支えのない文を提示するのではなく、現実のコミュニケーションに近い状況をいかに提示し、体験させるかが大切です。

私たちは、それぞれに固有の情報を有し、その情報は人それぞれによって異なるわけですから、知らない情報を獲得するというコミュニケーションの楽しみを経験させてやるのが教師の仕事だといえるでしょう。

かけこみ人　英語の時間にやったことは、ただ呪文を唱えるだけでした。授業でコミュニケーションの練習なんてしたことがないのに、現実のコミュニケーションができるはずはありませんよね。

説法20　だいじょうぶです

かけこみ人　「コーヒーもう一杯いかがですか」というような問いかけに対して、「だいじょうぶです」と断る人が増えているような気がしますが、このような断り方って正しいのですか。

住職　「コーヒーもう一杯いかがですか」のような申し出に対してどう断るか。「いいです」「結構です」…などのようなイントネーションで断るか、日本語学習者には「結構」難しいのですね。

確かに、日本の若者には、「だいじょうぶです」という断りが増えています。イエスかノーか、きっぱり断ることを避けた、相手への配慮表現であるとも考えられるのですが、若者が間接的な非明示的表現を好むことは、他の多くの表現とは逆方向であり、考えにくいですよね。

そもそも「だいじょうぶ」とは、「まちがいない」の意でしょうが、ちょっと辞書を引いてみましょう。なるほど、『明鏡国語辞典』(大修館)では、俗語として「相手の勧誘などを遠回しに拒否する語」との説明を載せ、「主に若者が使う」と注釈し、ただし「本来は不適切」と説明しています。

つまり、相手の顔色を窺いながら、上手に断ることのできない若者が、無難に断る手法として「だいじょうぶ」

に味をしめたものと考えてよいでしょう。

たしかに日本語教科書には、「いいえ結構です」などの断り方を載せていますが、文字面だけを眺めていても、どんなイントネーションで断ればいいかは教えてもらえません。イントネーションを間違えると、反対の「素晴らしい」意味になってしまうので、日本語学習者が難しいと感じるのも無理はないでしょうが、日本の若者も、対人コミュニケーションの機会が薄れ、無難な「だいじょうぶ」を選んで、相手への気遣いを装っているものと思われます。

コンビニでアルバイト店員をしている留学生にいわせると、「お弁当温めましょうか」という問いかけに、「結構です」と返答されるのがいちばん困るそうです。イエスなのかノーなのか。いっそ「だいじょうぶです」のほうが分かりやすいといいますが、いったい何がだいじょうぶなのでしょうか。その日本語だいじょうぶ?と聞きたいです。

かけこみ人　断る場面だけでなく、他にもさまざまな場面で「だいじょうぶ」って使うようですが、確かに便利な表現であるとはいえ、本当に相手に気づかいしているのかといわれると、疑問が残ります。

説法21　タブーの話

かけこみ人　会社に勤めている友達がこんなことをいっていました。先日会社に東南アジアからお客さんがやって来て、握手をしようと左手を差し出したら、握手してくれなかったというのです。何か失礼なことでもあったのでしょうか。

住職　このような事例はよくあります。

つまりある国の人やある文化を持つ人にとって、左手は不浄の手で、右手は神聖な手ということなのです。そうした文化を持つ学生がクラスにいる場合には、プリントを配布するときでも受け取るときでも必ず右手を差し出さなければなりません。

またある国では、日本人がよくするように、子供の頭を「かわいい、かわいい」と撫でてはいけません。頭は神聖な場所だからです。

食べ物の話をするにしても、時期的にも話題としてもタブーになることがありますので、注意しなければなりません。

かつてこんな経験をしたことがあります。タイの学生に、「この辞書(かなり厚手のもの)をあちらへ持って行ってくれ」と頼んだところ、頭の上に載せて持って行くのです。つまり辞書という神聖なものだから、頭の上に載せるのが適当だと判断されたのでしょう。よくタイの人たちが頭の上にバスケットを載せて食料を運んでいる映像をテレビなどで見ますが、まさにあの光景です。

韓国の学生にプリントを配ると必ず両手で受け取ります。先生には必ず敬語で話してきます（当たり前のことかもしれませんが）。

日本人が忘れかけているマナーやエチケットを外国人から学ぶことが多いです。その意味で、日本語教育は人間的成長につながるといっても過言ではないでしょう。そこに異文化コミュニケーションの難しさと楽しさがあるのですね。

かけこみ人　日本語を教えるには、ただ文法だけを教えていればいいというものではないのですね。まずは学習者を理解することが大切だと分かりました。

説法22　〜ていただいてもよろしいですか

かけこみ人　先日、電車の隣の席に座っていた女子学生から、「ブラインドおろしていただいてもよろしいですか」という依頼を受けました。こんな依頼表現が増えているような気がするのですが、先生はどうお感じですか。

住職　ちょうどいいタイミングでご質問を受けました。

私もつい先日、ある大学からの帰りのスクールバスで、隣に座っていた女子学生に、「カーテン閉めていただいてもよろしいですか」といわれました。日差しでスマホの画面が見にくいようでした。そういわれると、「はい」とか「いやだ」とか返答せざるをえませんよね。「はい」といって、カーテンを閉めました。

日本語教育で依頼といえば、「〜ていただけませんか」や「〜てくださいませんか」が丁寧であると教えます。しかし「カーテン閉めていただけませんか」といわれると、無理に開けたカーテンを、「迷惑だから閉めてほしい」と頼まれているような気がするのも事実ですね。「静かにしていただけませんか」といわれると、「うるさい！」と注意されているようです。

ある学生から、相談があるとのメールが来たのですが、「午後ならあいているので、いつでも来てください」と返事を出すと、「3時頃うかがってもよろしいですか」と返ってきました。時間になっても学生がやって来ないので、忘れたのか、私のほうが時間を間違えたのかと思っていたら、1時間ほどして学生が現われ、どうしたのかと尋ねると、「先生から返事がなかったので、ご都合が悪いと思いました」というんです。返事をしなかった私が悪いのかもしれませんが、「〜てもよろしいですか」と聞かれると、「はい／いいえ」と返答するのが鉄則なので、このような依頼をされると、永遠のループにはまってしまい、かえって相手の手を煩わすことになりかねないようですね。相手への気遣いのつもりが、曖昧な表現と判断されるかもしれません。

今度学生からこんなメールが届いたら、「3時に来ていただいてもよろしいですか」と返答してみましょうか。

かけこみ人　先生、その返答に学生さんがどう返してくるか、分かったら教えてくださいね。

説法23　どれくらいの距離で話せばいいの？

かけこみ人　先日電車の車掌さんが、「車内で大声で話すことやヘッドホンの音漏れ」に注意するようアナウンスしてくれたことがうれしかったのですが、電車の中って、どうして人の話し声が気になるのでしょうか。

住職　どうやら日本人には、適度な音量があるようですね。殊に満員電車やエレベーターの中などの人と人との距離の近い場所で大声で話されると気に障りますよね。

距離とトーンの関係は文化によっても異なるようです。海外へ行くとホテルやレストランで大声で会話する場面に出くわすこともあれば、やたらと静かに時の流れる場面に身を置くこともあります。

エレベーターを待っている人と人が、扉の前では大きな声で話していても、エレベーター内に入ると急に静かになるのは、他者への気遣いというよりは、文化の表れと考えていいでしょう。

日本人同士が話すときにも距離があります。自分のテリトリーが30㎝、相手のテリトリーも30㎝、つまり60㎝の距離を取るのが最も話しやすいといわれますが、これも文化によって距離が異なります。

電車やエレベーターの中では、相手との距離が近すぎるため、話しづらくなるのです。

この話す距離の問題は、どのくらいの間を置いて学生に質問を発すれば学生が返答しやすいか、という教育上重要な問題を含んでいて、先のごとく60㎝の距離から学生に接すると、コミュニケーションがうまくいくという教師の裏技があります。

歩きながら携帯電話で話している人も気に障りますが、あれは、近くで話している人の声だけが聞こえて、通話相手の声が聞こえないために、コミュニケーションが体をなさないことから来る苛立ちだそうです。ヘッドホンの音漏れも、音楽が完全体で聞こえて来ないために神経を擦り減らされるのでしょう。電車やエレベーターという閉じ込められた空間では、耳に心地よい、静かな音楽を聞きたいものですね。

かけこみ人　なるほど、コミュニケーションの上手な人は、相手との距離だったり、声の大きさだったりで、隠れ技があるのかもしれませんね。

説法24　なんだろう

かけこみ人　最近若い人を中心に、話の節々に「なんだろう」と入れる人が多いように感じます。あれはいったい何なんでしょう。

住職　そうですね。私も気になるところです。「時間について調べてみたのですが、なんだろう、バスの場合は…」「この問題についていろんな人に聞いてみたのですが、やっぱり、なんだろう…」という具合に入るんですよね。これは何か、ということですね。

フィラーのひとつだと考えればいいでしょう。つまり、次の言葉を探していると考えていいのでしょう。「あなたは、えっと、田中さんでしたよね」や「あのー、京都駅へ行きたいのですが」などの「えっと」や「あのー」などと同じ機能を果たしているのです。しかし「えっと」や「あのー」が相手との「間(ま)」を取り、相手との距離を確認しながら会話を進めるという機能を持っているのに対して、「なんだろう」には、そんな「間」の機能は感じられず、ただ言葉が出て来ないという哀れな状況を露呈しているにすぎないようです。

フィラーは、かつては「言い淀み」と呼ばれ、まさに言葉が出て来ずに「言い淀んでいる」ことを意味していたのですが、近年は、フィラーにも機能があり、会話の一部だとして、談話研究の中で扱われるようになってきました。綿々と話すのではなく、ポーズを置きながら、自分にも相手にも「間」を与えて、距離を確認しながら会話を進めていくところに日本語の特質があるといえます。

ところがフィラーがあまりにも多くなると、発話に信頼性が失われ、人物評価も下がってしまいます。

「なんだろう」にはどうも、相手に間を与えるというより、なんだろう、「じれったさ」や不快感を与えているような気がするのです。

かけこみ人　確かにそうですね。会話がうまく進行しない。話が下手だと思われても仕方がないような気がします。

説法25　「はい」と「いいえ」

かけこみ人　私はときどきコンビニで買い物をするのですが、コンビニって、店員さんとお客さんとの間にほとんど会話がないように思いますが、それはなにかマニュアルにでも書かれているのでしょうか。

住職　コンビニ店員さんのマニュアルには、お客さんに対して、「はい」で返答できるような質問を発するように示されているそうです。「お弁当温めますか(→温めましょうか)／はい」「袋お分けしましょうか／はい」「お箸1本(→1膳)でよろしいですか／はい」店員さんとお客さんが会話を交わすことはほとんどありませんね。なんとも寂しい限りです。

ところで日本語教科書には、「構造重視」のものと「機能重視」のものがあります。前者は、「これは本です」などに始まり、可能形、やりもらい、受け身、使役、尊敬などへと段階的に進み、初級日本語文法のすべてを総合的に学べるよう編纂されています。それに対して後者では、日本語が用いられる場面や機能(依頼をする、断る、謝る等)に注意を払い、即使用できる日本語表現を教えていきます。「お弁当温めますか／はい」はいかにも構造的で、「これは本ですか／はい」と同じく、無意味な会話をしているにすぎません。

「お弁当温めますか／いいえ、結構です」や「お箸1本でよろしいですか／すみません、2本ください」などの返答の仕方を覚えておかなければ、会話の楽しみを奪われてしまいますよね。

廊下ですれ違った、4月から日本語を勉強し始めたばかりの学習者に、「今日は暑いですね」といったら「はい」。「うちへ帰りますか」といったら「いいえ」。なんだか素っ気ない感じがしたのですが、「いいえ、図書館へ行きます」とか「いいえ、これから授業です」とかいってくれれば、もっと楽しい会話が展開できたのにと思いました。

そもそもコンビニとは、通りがかりに必要なものを買い求める場所で、店員さんと会話を交わす場所ではないのかもしれませんが、朝の出がけには店員さんの笑顔と言葉かけに一日の元気をもらいたいものですね。

かけこみ人　ひと昔前までは、近所の八百屋さんや魚屋さんへ出かけて行って、会話を交わして買い物をする光景が見られたようですが、今は日本語がわからなくても買い物ができる時代になったのですね。

説法26　フォリナートーク

かけこみ人　外国の人と話すとき、日本人同士が話すのと同じような話し方をしてもうまく通じませんよね。

住職　先日こんなことがあったのです。

仕事の関係で、ある会社の社長と会談しました。録画されたビデオを見て、私の手振りの大きいことに気がついたのです。そのときの対話相手は、十分な日本語能力を備えた日本語母語話者ではあったのですが、話し手の日本語能力の不足を非言語的手段(身振り手振りなど)によって補い、コミュニケーションを成立させようとするのは、日本語教師の持てる技であるといえるでしょう。

日本語非母語話者には、母語話者に対するのとは違った話し方が必要になります。例えば「ゆっくり話す」「方言を使わない」「省略形や縮約形を用いない」など、特別の話し方があります。それをフォリナートーク(Foreigner Talk)といいます。ちょうど赤ん坊に「まんま」「おめめ」「ぽんぽん」などと話すのと同じですね。

普段から日本語非母語話者との接触の多い私には、自然とフォリナートークの手法が身につき、身振り手振りも大きくなっていることは納得できます。日本語非母語話者には、日本語教師の話す日本語は、かなり聴き取りやすいはずです。

皆さんの周りにも日本語非母語話者が増えてきたことでしょう。外国人とのコミュニケーションには、何がやさしくて何がむずかしい表現なのか考え、フォリナートークの技を磨くことが求められるのです。コミュニケーションの成否は、「郷に入っては郷に従え」式の論理ではなく、双方が相手の立場から言葉を選ぶことにあるといえるでしょう。

かけこみ人　以前から先生のお話しは聞き取りやすいと感じていたのですが、相手のことを考えてお話しになっていたのですね。

説法27　ティーチャートーク

かけこみ人　先生をはじめ、日本語の先生って、すごく分かりやすい話し方をされるようです。それは職業柄なのでしょうか。

住職　数年前に中国の天津で日本語教育の国際学会があったのです。私も参加したのですが、帰りの飛行機には、それに参加した人がたくさん乗っていました。機内でところどころから漏れてくる日本語を聞いていると、あれは日本語教師だってわかるのですね。

日本語教師には独特の話し方があるというのは、納得できます。つまり日本語教師は、発話の最後まで丁寧に話す、縮約形を用いない、聞き上手であって、相手の発話にあいづちを打ちながら発話のタイミングをうかがう、複雑な文構造を用いないなど、教室での話し方がそのままに日常生活にも現れるものなのですね。

前の説法で外国人に対する特別な話し方(フォリナートーク)についてお話ししましたが、先生が教室内で使う話し方を「ティーチャートーク」といいます。日本語の先生なら、学習者がどこまで学習したか、どんな文法や表現なら理解できるか掌握していますから、その範囲内で発話します。

よく日本語学習者が、日本語の先生の話はよく理解できるが、一般の人々の話は分からないと苦情を述べますが、日本語教師の話し方には隠れ技があったのですね。

しかし日本語教師の話を聞いているばかりでは、日常生活が送れないということになりますので、日本語の教室では、一般のゲストスピーカーを招いたり、日本人との交流の場を設けて、生の日本語に接する機会を作っています。殊に海外で日本語を勉強している場合には、先生の日本語だけが日本語ではないことを知らせる必要があります。

私の日本語は、学習者にどこまで理解されているのか、ちょっと心配になってきました。私も日本語教師の仮面をかぶっているのでしょうか。

かけこみ人　先生の日本語がとても分かりやすいと感心していたのですが、そんなところに理由があったのですね。さすがにプロを感じました。

説法28　どういたしまして

かけこみ人　このあいだコンビニへ行ったら、留学生らしき人が店員さんをやっていて、「ありがとう」といったら、「どういたしまして」と返されました。「どういたしまして」って、私たち日本人はあまりいわないように思うのですが…。

住職　はい、私も先日同じようなことを考えました。

先日中国へ向かう飛行機の中でこんな日本語に接しました。その飛行機は、日本の航空会社のものだったので、多くの客室乗務員は日本人で、一人だけ中国人乗務員が乗っていました。その唯一の中国人乗務員、自然な日本語を話していたのですが、食事を提供してくれたので、「ありがとうございます」といったら、「どういたしまして」と返ってきました。けっして間違ってはいないのですが、何かしらきまりの悪さを感じました。こんな時、なんといえばいいか考えながら食事をして、今度はコーヒーを入れてくれたので、「謝謝」と言ってみたら、「不客気」(どういたしまして)と返ってきました。これには違和感を覚えません。私は中国語母語話者ではないのでよく分かりませんが、「どういたしまして」は、どうも教科書日本語のような気がします。接客場面では、「お熱いので気をつけてお召し上がりください」とか「ごゆっくりお召し上がりください」というのが自然でしょう。

日本へ帰る飛行機で、今度は日本人乗務員がなんというか調べてやろうと思い、同じように「ありがとうございます」といってみましたが、その返答は残念ながらありませんでした。

優秀な日本語学習者、とりわけ海外の学習者は、教科書の日本語を神聖化し、そのまま鵜呑みにしてしまう傾向があるようです。若い女子留学生から、「では先生、ごきげんよう」と挨拶され、思わず苦笑いしてしまった経験があります。

一口に日本語といっても、さまざまな顔を持っています。今後の日本語教育は、場面にふさわしい日本語を志向すべきでしょう。

かけこみ人　先生、でも見方によっては、私たち日本人の言葉が変化しているといってもいいのですよね。

説法29　マツキヨを右に曲がって

かけこみ人　最近の若い人の文化には略語が多くて、全く何のことか分からないことが多いのですが、先生はこの略語文化をどうお感じですか。

住職　東京へ出張した際、大学生らしき男性に道を尋ねたところ、「マツキヨを右に曲がって…」と教えられました。私は偶然、「マツキヨ」が何の略であり、それが薬屋であることを知っていたので、迷わず目的地に到達できたのですが、「マツキヨ」といわれてもわからない人はむしろ多いのではないでしょうか。

最近は、薬屋にしろ、コーヒーショップにしろ、CD屋にしろ、チェーン店が増えたので、それぞれの固有名詞が薬屋、本屋、喫茶店などに取り換えられようとしているようです。昔だったら、「たばこ屋の角を右に曲がって」とか「ラーメン屋へ行ってきた」とかいっていたのですがね。

しかもチェーン店はあまりに知名度が高くなり、略語で表わされます。こうなるともはやお手上げです。マクド(マック)、セブイレ、ファミマ、ユニバなど、そうした文化とは疎遠に暮らす人たちや、たとえ英語の分かる外国人にとっても、新たな外国語を聞いているようなものですね。

以前日本語教育実習の時、実習生が留学生に「京ファミ」、(大学の近くにある商業施設の「京都ファミリー」のことですが)と説明していたのですが、もちろん留学生には?-?。通称語など分かるはずがありません。

これまでに幾度となく述べてきたフォリナートーク同様、道を尋ねるのは、いわばフォリナー同然ですので、「マツモトキヨシという薬局があるので、そこを右に曲がって…」といってほしかったですね。

今ならさながらスマホ(スマートホン)などで道順を調べ、人に尋ねるというコミュニケーション行動を取らないのが普通でしょうが、対人コミュニケーションによって、相手の属する社会や集団が垣間見えて面白いですね。

今日はこのへんでお話を終えて、スタバへでも行くとしましょう。

かけこみ人　ほんとうですね。話し言葉によって、相手の属する集団が分かりますね。私も気をつけなくちゃ。

説法30　やさしい日本語

かけこみ人　先生をはじめ日本語の先生の話し方って、どこか町の方々とは違うように思うのですが、なぜわかりやすく感じるのでしょうか。

住職　インドネシア・バリで開催された「日本語教育国際研究大会」に参加してきました。行き帰りの飛行機に、同じように参加した何名かの日本語教師と乗り合わせました。面識のある人もいれば、面識のない人もいるのですが、日本語教師はすぐ分かります。空港や機内で、数名あるいは二、三名の単位で話しているのですが、朗々と響く日本語が聞こえてきます。つまり日本語教師の話し方には特徴があるのですね。滑舌がいい、基本的に標準語アクセント、教科書準拠の話し方、抑揚がある、最後まではっきり発音する等、分かりやすく不安を感じさせません。

ところで先日の「防災の日」に防災無線から、なにやら日本語らしきものが聞こえてきたのですが、全く何をいっているのか聞き取れません。拙宅の近くに防災無線が設置され、毎週日曜日の夕方、テスト運転のためか「夕焼け小焼け」の音楽が聞こえてくるのですが、その音楽はクリアに聞こえても、肝心の防災連絡が聞き取れないのは遺憾に思いました。

熊本地震の折、避難所へ行政の人がやってきて、なにやら説明するのですが、外国人には何をいっているのやら全く分からなかったそうです。滑舌や方言の問題に加えて、語彙や文型の選び方にも工夫が必要でしょう。「直ちに避難する」→「すぐ避難する」、「帰宅困難」→「うちに帰るのが難しい」など、日本語教育でいう習得順序に則って、学習者の日本語レベルに合わせた話し方ができると、外国人とフレンドリーになれます。

市町村では「防災マニュアル」作成の動きがあるようです。作成に当たって、英語版、中国語版など、各国の翻訳版を用意するのもいいでしょうが、「やさしい日本語版」を作成し、在住外国人に配布するのも、「やさしい地域行政」につながるのではないでしょうか。そんな時、日本語教師が社会貢献できる可能性が広がり、活躍の舞台も拡大するのではないかと感じました。

かけこみ人　日本語の先生って、「縁の下の力持ち」みたいに、目に見えないところで活躍できるのですね。

説法31　よろしかったら…

かけこみ人　「よろしかったら…」という前置きをよく耳にしますが、遠慮した丁寧な言い方なのでしょうか。

住職　私もこんな経験をしました。

新幹線で隣に座った若い女性から、「よろしかったらカーテン閉めていただけませんか」といわれました。特に開けておかなければならない理由もないので、「はい」といってカーテンを閉めたのですが、なんだかしっくり来ない感がしました。ご本人は最大の気遣いを示しているのでしょうが。

こんないい方をよく耳にします。「よろしかったらご試着ください」「よろしかったらお取りしましょうか」など、接客場面での許可を求める表現でしょう。ひょっとしてその女性も接客業をしているのかとも考えてしまいました。

日本人学生が、「よろしかったら見ていただけませんか」といってレポートを持って来ました。学生のことだからアルバイト用語を教室に持ち込んでいるのだろうと思いました。

人にお願いをしたり、依頼を断ったり、誉めたりするときどんな表現を用いれば人間関係を円滑に展開できるか、そんな研究分野を「語用論」といいます。先のカーテンを閉めてほしいと依頼する場面では、やはり相手の感情を傷つけぬよう、「詫び＋依頼」の表現がふさわしいのではないでしょうか。「すみませんが…」「恐れ入りますが…」。他者の手を煩わす恐れのある場合は、注意を要するのです。実はこの語用論は、日本語教育上きわめて重要で、日本人とのコミュニケーションを円滑に保つためのストラテジーなのです。

こんなことを考えていた矢先、留学生が研究室にやって来ました。「先生お忙しいところすみませんが、奨学金の自己推薦文を書いたのですが、一度見ていただけませんか」。「どれどれ」、私は快諾しましたが、「よろしかったら…」と来られたら、「今日はちょっと」と断っていたかもしれません。

かけこみ人　人にお願いをするときでも、どう切り出せばいいか、相手の感情を傷つけない言い方ってあるのですね。

説法32　歌って覚える

かけこみ人　英語を勉強しているとき、たくさん歌を教えていただいたように思います。日本語でも歌を教えることはあるのですか。またどんな歌を教えるのですか。今流行っている歌ですか。

住職　今流行っている歌なら、私より学習者のほうがよく知っているかもしれませんね。また今では、ＣＤやＭＰ３などで、いつでも歌が聞けますから、わざわざ習わなくても覚えられるかもしれません。

しかし日本語の学習に効果的な歌といえば、「むすんでひらいて」なんか、どうでしょう。
日本語の「て形」には、「〜いて」(書いて、開いて)、「〜えて」(食べて、教えて)、「〜って」(とって、買って)、「〜んで」(飲んで、読んで)と、4つの形があるのですが、「むすんでひらいて」には、このうち3つが含まれているのです。

♪むすんで　ひらいて　てをうって　むすんで　またひらいて　てをうって　そのてを　うえに

と、動作を伴いながら歌ってみて、その次には、「ます形」で、

♪むすびます　ひらきます…

とやるのです。すると、「ます形」と「て形」の違いが分かって理解しやすくなるでしょう。

そのほかに、「て形」と同じ「た形」なら、「バラが咲いた」や「シャボン玉とんだ」があります。「〜なら」だと、「幸せなら手をたたこう」など、動詞の形を含んだものがあります。これらはリズムも分かりやすく、いつまでも印象に残ることでしょう。

流行歌を覚えたいという希望もあるかもしれませんが、流行歌はすぐに消えてしまうことが多いので、それよりもいつまでも歌い継がれている歌、童謡やわらべ歌を教えたほうが、いつになっても忘れることはないかと思います。

ほかにどんな歌がいいか、皆さんも考えてみてください。

かけこみ人　「四季の歌」なんてどうでしょう。「♪春を愛する人は…」と、修飾形の学習にいいかと思います。

説法33　疑心暗鬼

かけこみ人　昔、英語の時間によくテキストを暗記するようにいわれたのですが、暗記って、学習効果があるのでしょうか。

住職　私はよく中国の大学を訪問するのですが、どこへ行っても、学生が朝早く7時ごろから、キャンパス内のお気に入りのスポットで一生懸命テキストを暗記しているのです。そばを通ると、何語の学生かすぐに分かります。日本では、そのような光景は、見かけることはありません。

そこで暗記で学習効果が上がるのかといわれると、Ｎｏとはいえません。

以前、入学時のプレースメント・テストで、「私の国と日本」という課題作文を課したら、ある中国の学生が「遣隋使や遣唐使」についてすこぶる詳しく書いていました。あとでよく考えたら、それはある日本語教科書のパッセージそのままでした。

つまり教科書を暗記することによって、「与えられた」課題や問題に対しては、流暢に回答することはできるでしょう。しかし「予想外」に展開する会話やコミュニケーションには、暗記だけではうまく対応できないかもしれませんね。会話というのは、教科書通りに展開するものではなく、話し手と聞き手との駆け引きによって成立するものですから、事前に展開を予測するなんてことはできません。

もし観光ガイドなどの職業を目指すのなら、学習言語に限らず母語においても暗記は必要不可欠でしょう。

日本では暗記が軽視されている向きもありますが、中国の学生に倣って、キャンパス内で教科書を暗記する学習スタイルもまんざらではないと思いますよ。毎朝少し早起きして、近くの公園や川沿いへテキスト片手に出かけていくのもカッコいいですよね。

かけこみ人　本当ですね。日本の大学でテキストを暗記している人を見かけたことはありません。暗記も学習方法の一つだと思えば、いつでも手軽にできる学習ですよね。

説法34　今日はちょっと

かけこみ人　日本人って物事をはっきり述べないことが多いですよね。イエスかノーかわからないことが多くて、それが外国の人にはじれったいと聞きますが、白黒はっきりさせないのは悪いことなのでしょうか。

住職　他者からの依頼や誘いに対して、「今日はちょっと」や「考えておきます」などのように、婉曲的に断る表現、他者の感情を害することなく間接的に断るいい方、いわゆる「気配り表現」が日本語ではよく用いられます。

ところが最近、この日本語の「あいまい」な部分をうまく汲み取ってくれない若者が増えてきたような気がしてなりません。先日私のうちに、あるセールスの電話がかかってきました。話を聞いてくれ、というのです。「今忙しいので」と断ると、「いつがあいていますか」と聞いてきました。「あなたねえ、時間がないというのは、断っていることでしょう、あなたには日本語がわからないの?」と、教師根性から説教すると、「それならはっきり断ればいいじゃないですか」と切り返してきました。「断られても引き下がらない」が社訓なのかもしれませんが、お客さんを怒らせてしまってはセールスになりませんよね。

最近の若者はデジタル思考ですよね。そもそもデジタル情報には「0」か「1」しか存在しません。白か黒かをはっきりさせなければならず、「1・5」や「やや0に近い」「灰色」などといった表現はありえないのです。デジタル世代の若者にはファジーな日本語の「あいまい表現」は理解できないのでしょうか。あるいは私とのジェネレーション・ギャップなのでしょうか。

日本語母語話者と非母語話者とのミス・コミュニケーションの原因は、こうしたコード(ルール)の違いであることが多いようです。どちらが正しいとか間違っているとかいうのではなく、両者の歩み寄り、「気配り」が必要となってきました。

かけこみ人　日本語には、この「ちょっと」のほかにも「気配り表現」がたくさんあるように思います。またお話を聞かせてください。

説法35　左側通行

かけこみ人　エスカレーターに乗るとき、先生は、左右どちらに立っていらっしゃいますか。地方によってルールがあるように思うのですが。

住職　私は基本的に左側に立ち、急いでいるときは右側から追い越すのが普通です。よくいわれることなのですが、エスカレーターに乗る際、東京では左側に立ち、大阪では右側に立つ人が多いようです。誰が決めたわけでもないのでしょうが、不思議なほど徹底されています。京都では、観光客が多いせいか、好き勝手に立っています。以前は、エスカレーターのアナウンスにも、「お急ぎの方のために片側をおあけください」というのがあったような気がしますが、どちらに立てとはいっていません。

先日京都駅前の大型店舗に入ったら、「2列に並んでお乗りください」といっていました。確かに事故防止のためには、2列で乗ったほうが機械への負担が少なく安全だそうです。

話を戻して、関東と関西とでは、言葉のアクセント(橋／箸／端　等)以外にも語彙上の違いが多いですね。関東出身者と関西出身者が待ち合わせをし、「マックの前」で会うことになったのです。関西出身者が、Apple(Macintosh)の前で待てども待てども関東出身者は現れず、電話をかけてみたら、マクドナルドを探していたといいます。

日本人同士ですら、こんな行き違いがあるのですから、日本人と外国人とのコミュニケーションには細心の注意が必要になってきます。

言葉遣いはもちろんのこと、何気ない身の動きに出身地を隠すことはできないようですね。先日、中国人観光客に道を尋ねられたのですが、私に擦り寄るように近づき、真ん前に顔が来たのでびっくりしました。

外国人観光客が増えてくると、エスカレーターの立ち位置のような暗黙裡のルールも、いつの間にか破られてしまうのでしょうか。日本にいるのか、どこにいるのか、分からなくなったらどうしましょう!?

かけこみ人　日本と外国だけでなくても、日本国内でも、様々な文化や慣習が融合すると、地方の独自性が薄れていって、寂しいですね。

説法36　時間があったら行きたいなあと思います

かけこみ人　「時間があったら行きたいなあと思います」という日本語を聞きましたが、これって正しいですか。

住職　私のところへも、「来週のプレゼンでパソコン使いたいなあと思うんですが」と、日本人学生がいってきたことがあります。最近こんな日本語をよく耳にしますね。「時間があったら行きたいなあと思います」でしたか。「どっちがいいかなあと考えています」「明日行こうかなあと思います」等々。

日本語教育では、接続助詞「と」の前には「普通体」が来ると指導します。つまり「明日雨が降ると思う」「あの人にはどこかで会ったと思う」「あの人は学生だと思う」「春になると暖かくなる」が正しいのであって、「雨が降りますと思います」や「5時になりますと暗くなります」は誤りです。

ご指摘の「行きたいなあ」は感嘆文であって、それだけで独立文となり、「～と思います」とは接続しません。

反対に「おいしいです」「行きたいです」「高くないです」を不可とする偽善国語学者がいらっしゃいます。「この料理はおいしい」「旅行に行きたい」などと、「い終止形」で終止するのが正しいと主張されるのですが、日本語教育では、「これは本です」と同じように、「今日は暑いです」を丁寧体、「今日は暑い」を普通体として指導します。日本語学習者の日本語が、やたらと丁寧に聞こえるのですが、それは、「これは本です」「明日学校へ行きます」の「です／ます」体を最初に教え、「これは本だ」「明日学校へ行く」などの形はしばらくたってからという理由によるものです。また教室内での先生の話し方も、基本は「です／ます」体であることも考えられます。やや幼稚な感もしますが、物事をストレートに叙述するという点では、初期段階の導入構文にふさわしいといえるでしょう。

「〜と」の導入は、初級半ば以降になるのですが、「行きたいなあと思います」は、「おいしいですと思います」同様、稚拙な気がしてなりません。

「パソコン使いたいなあ」といってきた学生も、「将来日本語の先生になりたいなあ」といっていたのですが、だいじょうぶかなあ!?

かけこみ人　そうですねえ。確かに感情をそのまま表したような稚拙な感じがしますね。

説法37　失礼の話

かけこみ人　先日お聞きした「ちょっと」という表現は、とても便利だと思います。「失礼します」というのも、結構便利な表現だと思いますが、どうでしょう?

住職　スーパーやコンビニで買い物の支払いをしようとすると、「○○カードを持っているか」と聞かれますよね。「持っていない」と答えると、「失礼いたしました」と返ってきます。別に失礼な思いをしたわけではありませんが、こういわれると、次にどういおうかと迷ってしまいます。

会社などへ電話をかけ、取り次いでもらうと、「失礼ですが」といわれます。「あうんの呼吸」で、「中川と申します」などと答えなければなりません。

本来「失礼します／しました」は、相手に不適切な思いをさせた場合に詫びる謝罪表現のはずですよね。もはや先のようになってしまっては、「失礼します」が様々な機能を持つことになり、学習者には習得が難しくなってきます。

日本語教科書にも「失礼します」は載っています。しかし「不適切な行為」をしたり、「会話の切り出し」であったり、「現場からの辞去」をしたりする場面がほとんどで、多様な機能に気付かせる指導はなされていません。

日本語学習者には、殊に海外の学習者には、教科書の表現を、いわば「刷り込み」としてそのまま覚えて使おうとする傾向が見られます。

先日コンビニで支払いをしようとすると、非母語話者らしいアルバイトさんが、「カードを持っているか」聞いてきました。「持っていない」と答えると、「申し訳ございません」と来たのです。こちらは完全な謝罪表現ですが、「失礼いたしました」と同じ謝罪表現であると覚えていたために起こった、ミス・コミュニケーションと考えられるでしょう。

当かけこみ寺を訪ねてくる学生を観察してみると、日本人学生の場合は、「失礼します」で切り出し、留学生の場合は、「先生、こんにちは」で切り出すことが多いことに気付きます。日本語教育で大切なことは、うわべだけの意味を与えるのではなく、様々な場面の中で、実際に使用する機会を提供することでしょう。

というわけで、今日はこのへんで失礼します。

かけこみ人　日本人って、「失礼します」とか「すみません」とか、しょっちゅう謝罪しているように感じていたのですが、謝罪ばかりではなく、いろんな機能を持たせて使っているのですね。

説法38　上司の挨拶はなぜ長い

かけこみ人　上司の挨拶がやたらと長いように感じます。それはなぜなのでしょうか。つまり挨拶がじょうずではないということでしょうか。

住職　そうですね。確かに挨拶の上手な上司とそうでない上司とがいますね。

挨拶が長いと感じる要因としていくつかが挙げられます。感情的な問題はちょっと置いておいて、日本語の問題について考えてみましょう。

まず、話の節々に「えー、まあ、あのー」などのフィラーが多いことが考えられます。日本語では、自分が次の言葉を探したり、相手に考える時間を与えたりする役割としてフィラーが重要であることが知られていますが、あまりにも多いとうんざりしてしまいますよね。

このフィラーは、厄介なことに話のはじめだけではなく、後にも現れるのです。「今日は、あー、天気がよく、うー、絶好の、おー…」と、語尾の母音が伸びてしまいます。このように語尾が伸びるのは、日本語が開音節言語（母音で終わる言語）だからでしょう。閉音節言語（子音で終わる言語）ではこうした現象は現れません。

二つ目の要因は、語尾の歯切れが悪いことです。「私は…と考えます／思います」と終わればいいものを、「〜というふうに考えます／思います」となってしまいます。

悲しいことにお年を召せば召すほど、身分が高くなればなるほど、この傾向は強くなるようです。なんだか身分の高さを象徴する勲章だとでも勘違いしているのでしょうか。

国会中継を見ていても然り、会議の冒頭や乾杯を前にしての挨拶も然り。この問題が解決できれば、もっと会議も早く終わり、時間の面でも経費の面でも、そして精神的にも節約できるのに、と思ってしまいます。というわけで、さっさと終わります。

かけこみ人　先生、このお話を是非いろんな人にお聞かせください。節電にもなるし、ストレスもたまらなくなると思うのですが。

説法39　新人研修

かけこみ人　コンビニやファーストフードの店に行くと、店員さんがみんな同じような話し方をしていますが、あれは、「このように話せ」と研修を受けたり、指導されたりするのでしょうか。

住職　毎年4月になると、大学では新入生を迎え、キャンパスは若々しい力で満たされます。そして企業では、新入社員が真新しいスーツに身を包んで現れます。

毎年この時期になると、面白い現象に気がつくのです。新人研修なるものがいたるところで展開され、やや強張った表情の新人さんを目にすることがあります。駅の改札口やデパート、ファミレスなどでは、新人さんが先輩の後に続いて挨拶言葉をリピートする光景をよく目(耳)にします。その光景に耳を澄ますと面白いことが発見できるのです。先輩が「毎度ご乗車ありがとうございます」などと関西アクセントで発すると、新人さんたちも同じく関西アクセント。語学教育の真髄を見るような気がします。つまり先生の後から「おうむ返し」に真似して覚える(ミム・メム)。語学上達の鍵はここにあるのですよね。

「1、000円からお預かりいたします」「おなべのほう熱くなっております」などは「マニュアル語」と呼ばれ、おかしな日本語が先輩から後輩へいつまでも受け継がれていくことになります。

ある年、駅の改札口で、「今年もやっているな」と思って、聞き耳を立てていると、その日は少し違っていました。先輩が「毎度ご乗車…」と関西アクセントでやっているのに、後輩たちはなんと標準アクセント。語学教育の観点からは、後輩たちに「A」の成績はやれそうにないですが、「マニュアル語粉砕」を掲げた後輩たちの態度は大いに評価できます。

巷に「おかしな日本語」多けれど、「流れに棹差す」もよし、「流れに翻弄されずに行く」もよし。

かけこみ人　マニュアル語って、それをずっと耳にしていると、それが正しく思えて(聞こえて)くるのが不思議ですね。どこかで軌道修正していかなければ、「おかしな日本語」だらけになってしまいそうですね。

説法40　先生は推薦書を書きましたね

かけこみ人　日本語に特有の表現のひとつに、「~てあげる」や「~てもらう」があると聞きましたが、外国人にはかなり難しいのですか。

住職　先日中国人留学生からメールが届いたのですが、「前に先生は○○奨学金の推薦書を書きましたね。おかげさまで合格しました」とありました。これを読んで、思わず苦笑いしてしまいました。「先日先生に○○奨学金の推薦書をお書きいただいたのですが…/~お書きくださったのですが…」などと訂正したいところです。「やりもらい」の授受補助動詞を用いて、「恩恵/感謝」の意を表すのは、この留学生のような上級の学習者にも難しいと思います。

ここで問題にしたいのは、誤用や非用(文法的には正しいが、母語話者はこうは表現しないだろうというもの)ではなく、この表現に対する日本人の評価なのです。

私のような学習者の日本語に慣れている者なら、まだ補助動詞が使えないレベルなんだと評価し、苦笑いもできるのですが、外国人の日本語に慣れぬ人なら、「失礼な！感謝の意も表わせないのか」と、怒り立ってしまうでしょう。

補助動詞に限らず、「依頼」や「断り」にしても、婉曲的表現をよしとしない人には、直接的表現を多用し、日本人とのミス・コミュニケーションを引き起こしかねません。

先日、大阪の繁華街で、「○○はどこですか」と、唐突に話しかけられました。しかも顔と顔とがぶつかるような距離で話されたので、びっくりのあまり、うまく返答できなかった経験があります。

セクハラやパワハラ同様、マナハラ（マナー・ハラスメント）なんてのもあるそうです。マナー違反を厳しく指摘するとハラスメントになってしまいます。最低限のマナーは守ってもらいたいですが、みんながみんな同じ言語行動を取るのなら、日本語教師は職を奪われてしまいます。

そういえば先日、日本人学生がかけこみ寺のドアをノックし、「先生、昨日の課題ください」。これって、マナー違反？

かけこみ人　顔つきの似ている中国や韓国の人なら、なおさら「失礼な」という評価を受けてしまいそうですね。

説法41　大阪・京都方面からご乗車のお客様

かけこみ人　「大阪・京都方面からご到着のお客様にはご迷惑をおかけいたしました」という駅のアナウンスを聞いたのですが、この「方面」という使い方は正しいのでしょうか。

住職　なるほど。「大阪・京都方面からご到着のお客様」ですか。気になるところではありますね。JRが遅延した際の駅のアナウンスでしょうか。

「京都・大阪方面、西明石行きの電車」とかいったアナウンスを聞き慣れているせいか、「方面」とは「向かうべき方向」としか捉えがたい気がしますね。「〇〇方面出口」「東京方面発車時刻表」のように使われて、やはり進行方向ですよね。

しかし辞書を引いてみると、「ある方向の地域」とあるので、「大阪・京都方面から…」と出所を表してもまんざら間違いではないようです。「方面」がないと、大阪・京都以外の途中の停車駅からは誰も乗車していないことになってしまいます。

H電鉄のアナウンスに、「大阪・梅田方面へ向かう電車が到着します」というのがありますが、最初にこれを聞いた頃は疑問を感じましたが、考えてみると何ら間違ってはいないですよね。大阪以外にも停車駅はあります。

私たちは、耳慣れた言葉、見慣れた表現で、自分なりの辞書を編纂してしまうことが往々にしてあります。

学位論文準備中の学生が、アンケートを「拡散する」といってきました。ツイッター等で、広めることをそういうらしいのですが、「核拡散防止条約」という使い方しか知らない、その方面に疎い私の辞書には掲載されていない使い方です。

駅のアナウンスに話を戻しますが、最近は「上り／下り」という使い方をあまり聞かないようです。「大阪方面に向かう電車／大阪方面から来る電車が遅れている」などと、ツイッター等に拡散されるのでしょうか。

かけこみ人　慣れって面白いですね。聞きなれてくると、なにやらおかしくなくなってくるのですね。言葉って、そのようにして変化していくのでしょうね。

説法42　知らぬが仏

かけこみ人　このお説法でもしばしばお聞きしましたが、若者言葉ってどんどん進化していくでしょうから、それについていくのって大変そうですね。
住職　4月の3日だったか、4日だったか、スーパーのお茶屋さんで、「あまちゃありますか」と尋ねたら、若い店員さん(アルバイト?)が、「はい」といって案内してくれました。えっ、でもこれは「おまっちゃ」ではと思い、あまちゃ(甘茶)について説明していると、奥から少し年配の店員さんが出てきて、「はい、ございます」。今度は私の求める「あまちゃ(甘茶)」でした。私の発音が悪かったのかもしれませんが、お茶屋さんで「甘茶」を知らぬとは…と思いながら、甘茶の需要がなくなったのかと、寂しくなりました。
数年前の忘れもしない4月7日に、大学の学外オリエンテーションで観光バスに乗ったら、ガイドのお嬢さんが、「明日は花祭りですね」というのです。「はい、そうですね、よくご存じで」と会話していたら、どこの花が美しいとか、どんな行事をやっているとか、得意げに、ガイドさんよろしく語りだしました。どうやら「花祭り」と「桜祭り」を同じものだと思い込んでいるようです。

ここはガイドさんに花を持たせ、「知らぬが仏」で、敢えて「いやいや」と説明するのはやめておきました。

これまでしばしば若者言葉や職業語、専門用語などの位相語についてお話してきましたが、その集団に属する人にとっては常識的に理解できることであっても、他の集団に属する人には、まったくなんのことか皆目見当もつかないことがあります。そんな時は、「年寄りの冷や水」で、若者言葉を真似しようと無理をせず、「知らぬが仏」でいるのが得策でしょう。日本語が下手なうちは、「知らない、分からない」で済まされても、上級ともなると「知らない」では済まされないこともあります。初級のうちは、分かるまで説明してくれるけれども、上級には説明を要さないものです。

抹茶を出してきた店員さんは、まだ店員初級だったのでしょうか。

かけこみ人　私もこどものころは、お寺さんで甘茶をいただいた記憶があります。その店員さんにとって、甘茶はかなり疎遠な範疇だったのですね。

説法43　中川です、よろしくお願いします

かけこみ人　聞いたことがあります。しかし最近、語尾を強く発音する人が増えているように思いますが。

住職　「中川です、よろしくお願いします」後ろから2番目の音節(「で」「ま」)を強く発音してはいないでしょうか。大学の新入生に自己紹介をさせると、ほとんどがこんなへんてこりんな日本語を話すのです。日本語はそもそも「尻すぼみ」な言語であるため、「です」「ます」は聞こえるか聞こえないくらいにサーっと消えていくのが美しいのです。

若者を中心に、こんな上昇アクセントが横行しています。そんな学生には、お辞儀をするよう指導しています。つまり「～です」「～ます」と、頭を下げれば、上昇アクセントは回避できるはずです。上昇アクセントで発話するのは、日本語本来の謙遜の念が欠けているのではないか！とも考えてしまいます。また手の動きを伴って、「中川」で上り、「です」で下り、「よろしく」で上り、「お願いします」で下り、の「山」を作るように発話すれば、決して上昇アクセントにはならないはずです。

このような身体運動を伴って発音指導を行う方法を「ウェルボ・トナル法」と言います。私たちは、口蓋器官だけを使って発音しているのではなく、全身を使って発話しています。よく歌手が歌の最後に手を引き上げていくのは、余韻を残そうとする現れなのですね。握り拳を作って「よし！」とやるのは、力を入れているときでしょう。

コミュニケーションとは、口先だけの技術ではありません。日本語本来の「尊敬／謙譲」の念(おもいやり)を

以て表現すれば、日本語はもっと美しくなるのではないでしょうか。体の動きとともに心の動きも相手に向けてみましょう。「日本語って美しいなあ」と思います。

かけこみ人　なるほど、お辞儀をしながら「〇〇です」といえば、決して上昇アクセントにはなりませんね。これからは、体だけではなく、心も動かしながら話そうと思います。

説法44　日本人は「あし」でご飯を食べます

かけこみ人　間違えたりして、コミュニケーションに支障が生じることってあるのですか。

住職　発音や文法を間違えて、言いたいことがうまく伝わらなかったことはよくありますね。以前こんな経験をしたことがあります。

日本語弁論大会で、ある出場者が、「私たちは手でご飯を食べます。アメリカではナイフとフォークでご飯を食べます。日本人は『あし』でご飯を食べます」と言ったのですが、それを聞いた聴衆は、まさか日本人が器用に「足」でご飯を食べるとは思わなかったでしょう。それは、聴衆には日本人の食生活について共通の理解があったこと、食事マナーについての話であるという前提的知識の下での文脈があったからです。

「アメが降ってきた」といわれて、だれも「飴が…」と思わないのは、文脈の支えがあるからにほかなりません。

「箸で食べる」のか、「橋で食べる」のか、「端で食べるのか」だけでは分かりませんが、文脈さえあれば、どの「はし」かは推察できるようになります。

弁論大会の話に戻すと、その出場者は、「はひ(ふ)へほ」の発音ができなかっただけなのですが、文脈から「はし」に置き換えられ、理解が進んでいきます。ミス・コミュニケーションの生じる危険性は少ないでしょう。

日本語教師は、さまざまな学習者の発話を経験していますので、ミス・コミュニケーションを最小限に抑える能力を備えています。

だれかが研究室のドアをノックし、「シェンシェ、おあよごじゃいましゅ」。顔を見ずともだれがやって来たかすぐに分かりました。

かけこみ人　本人同士の会話においても、文脈から何を言っているのか容易に理解できますものね。この文脈を読むことがコミュニケーションの成否を決めるといっても過言ではなさそうですね。

説法45　日本語コミュニケーション

かけこみ人　コミュニケーション、コミュニケーションとよくいいますが、コミュニケーションって、言葉だけで成立するものでしょうか。

住職　駅で電車を待っていると、初老の女性が、私の前に立っている女子大生風の女性に「これは新快速ですか」と尋ねました。するとその女子大生(としておく)は、「うん」とうなづきました。初老の女性は「ありがとうございます」と丁寧にお礼を述べ、列の後ろに並びました。

皆さんはこれでコミュニケーションが成立したとお考えでしょうか。確かにノン・バーバルなコミュニケーションも含めて考えるなら、初老女性の目的(尋ねて返答を得る)は達せられたのであり、コミュニケーションは立派に成立したことになります。しかし「人間のコミュニケーションには言葉が必要である」とする観点からは、コミュニケーションは成立していないことになります。

コミュニケーションの形態は時とともに変化していきます。昔はもっと人に対面してのコミュニケーションが多かったことでしょう。駅の初老の女性の場合なら、ただ「新快速かどうかを確かめるだけでなく、自分の行きたいところに停まるか、何分程度かかるか」などの情報が交換されることも稀ではなかったでしょう。現在は、情報取得の方法も変化し、わざわざ人に聞かなくてもどこかに表示があるでしょうし、スマホで調べることもできるでしょう。スーパーへ行けば、店員さんと言葉を交わさなくても買い物ができます。確かに便利な世の中になりました。しかしこれではコミュニケーションの楽しみは削がれてしまいます。

コミュニケーションの楽しみを、「未知の情報を交換すること」と規定するなら、そこには人と人との相互交流が必要になります。お年寄りはコミュニケーションが上手です。情報交換を楽しんでいる感がします。

日本語教師と日本語学習者には、日本語コミュニケーション上手であってほしいと願います。対人コミュニケーションの楽しみを味わってほしいと思います。

かけこみ人　だんだん人と接する機会が薄れて、コミュニケーションの楽しみどころか、コミュニケーションの取り方すら分からない人が増えてきたようですね。

説法46　聞き取り名人

かけこみ人　先生はよくスタバなどへいらっしゃいますか。「あの白いランプの下でお待ちください」というのは、日本国内はもちろん、海外でも同じなのでしょうか。

住職　先日中国・広州へ講演に出かけ、ホテルの近くにあるＡＥＯＮ系スーパーへ行ってみました。買い物を済ませレジへ進むと、店員さんが笑顔で「有没有ＡＥＯＮ卡（ＡＥＯＮカードはお持ちですか）」と聞いてきました。「没有」（ありません）」と答え、勘定をすると、釣銭のお札を数えながら手渡してくれました。そして最後には「またお越しください」と笑顔で対応してくれたことにすっかり感激しました。

気分よく、スタバに立ち寄り、コーヒーを注文すると、先ずサイズを聞かれました。そして「あの白いランプの下でお待ちください」と、お決まりの流れです。

店員さんの中国語がすべて聞き取れたわけではありませんが、状況から何をいっているのかが理解できます。聞き取りというのはそのようなもので、母語であっても発話の一部始終を聞いているわけではありません。たとえば駅のアナウンスなどでは、電車が自分の行きたい駅に停まるかどうかが分かればそれでいいのではないでしょうか。

これは日本語の聞き取り練習としても重要で、発話全体を聞かせてから、細部にわたる質問をするというよりは、最初に質問を与えておいてから聞かせるという方法もあります。

私たちが聞き取っているのは、自分にとって必要な情報だけであって、不要な情報は流し去っていることは先にも述べた通りです。もう一つ重要なことは、発話には必ず状況がありますから、状況が設定されていると、聞き取りやすくなるということです。先のスーパーやスタバでも全く同じ展開が日本でも(他の国でも)行われているので、聞き取れるというのは、自信につながっていきます。

ちなみにかのスーパーでは、相当な訓練を受けているそうです。店員さんから笑顔をもらった一日でした。

かけこみ人　昔、英語の時間にリスニングをやらされると、すごく疲れて、あまり好きではありませんでした。きっと細部にわたって聞き取らなければならないので、神経を擦り減らしていたのでしょうね。状況の分かる聞き取りなら、あまり疲れることはなさそうですね。むしろ聞き取りが好きになるかもしれませんね。

説法47　方言をどう扱う？

かけこみ人　日本語教育で方言を教えることはあるのでしょうか。地方で生活するためには方言も必要だとは思うのですが。

住職　日本語教育では、まず汎用性の高い標準的な言葉から教えます。たとえ今日本語を勉強しているのが京都や東北、九州であっても、学習者にとっては将来どこで暮らすか、誰と接するか分からないわけですから、まずは応用のきく言葉から教えるのが筋でしょう。そして中級後半や上級になって方言が必要となってきた折に、方言を覚えるのが自然な流れではないかと思います。

初級の早い段階から方言を教えてしまうと、動詞や形容詞の活用のルールが分からなくなるばかりか、むしろ理解しづらい日本語を話してしまうことが懸念されます。

「看護の日本語」を学んでいる人たちがいます。もちろん日本語授業では、標準的な日本語を学ぶのですが、いざ病院勤務となってくると、方言が必要となってきます。どこの病院へ配属されるか分かりませんが、病院ではお年寄りを相手にすることも多いですから、方言が分からないと、患者さんとコミュニケーションがとれないばかりか、看護医療にも支障を来しかねません。京都の病院で、「おおきに」(ありがとう)、「おいど(お尻)痛い」が解せないと、看護はできません。

方言を授業で取り上げるにも、先生自身がその方言の話者でなければうまくいきませんよね。標準語ならみんなが知っていますが、方言の使える日本語教師はむしろ少ないと思います。あまり覚えてほしくない方言をいつどこで覚えたのか、学習者が上手に使っていることもあり、ときに失笑してしまうこともあります。

留学生がドアをノックし、「先生、すんません。今朝起きられへんかって、遅刻してしもた」。怒るに怒れぬ関西弁でした。

かけこみ人　方言を勉強したいという学習者もいると思いますが、いつ教えるかが問題ですね。下手に教えてしまうと、後々困ることにもなるかもしれませんね。

説法48　間《ま》の文化

かけこみ人　日本語は、相手との間を取りながら話を展開する言語だ、と先生はよくおっしゃいますが、その間とは、会話のタイミングだけのことでしょうか。例えば相手との物理的な距離はどうなんでしょう?

住職　いいことに気づきましたね。そうなんです。

先日大阪の心斎橋を歩いていたら、ここは中国からの観光客が多く買い物をしているのですが、いきなり中国人らしい(中年)女性が私のそばにやって来て、道を聞くのです。その距離がとても近く、顔が真ん前にありました。

またこんなこともありました。1年生の第1回目の授業が終わったとき、中国人女子留学生が私のそばにやって来て、「先生、私妊娠しています」というのです。唐突に話すことはさておいて、少し大きくなったおなかが私と接触するくらいの距離なんです。返答に困ってしまうくらいでした。

日本では、会話のポーズだけではなく、相手との物理的距離を保ちながら会話を進行させる慣わしがあります。それは、日本はお辞儀の文化を継承していますから、あまりに近いと頭と頭がぶつかってしまうのです。日本では、自分のテリトリーが30 cm、相手のテリトリーが30 cm、つまり60 cmの距離が最も話しやすいということになります。

ところが握手の文化を持つ国々では、相手と近づかなければ握手ができません。ハグやボディータッチなど、相手の体に触れながら会話する習慣は日本にはありません。

この間の取り方は、授業でも重要で、学生に発話を求めるのに、どのくらいの距離を保てばいいか、という問題になります。話しやすい先生、発言しやすい授業って、あると思うのですが、そんな間の取り方に先生の隠れ技がありそうですね。

かけこみ人　確かに、話しやすい授業ってあります。目には見えない、先生のテクニックなんですね。

説法49　メールがもじか(文字化)して読めませんでした

かけこみ人　日本語の学習者と話していると、ときどき誤りに気づきますが、こんなとき一つひとつ丁寧になおしてあげたほうがいいのですか。

住職　はい、日本語教育の真髄に関わる問題ですね。

ある中国人学生が、「メールがもじか(文字化)して読めませんでした」といってきました。「どうしてもじばけ(文字化け)したんでしょうね」と返したら、「なぜもじばけしたのか分かりません」と、やや顔を赤らめて返答してきました。

言語教育では、誤りの訂正はやさしく行い、それとなく誤りに気付かせるのが鉄則となっています。それにしても「もじか」と「もじばけ」は、同じ範疇(言語・言語教育)に属する語彙であるため、誤りを許容しがたくなります。

言語教育の方法論として、誤りは厳しく取り締まるという考えもあります。言語教育の目的は、構文の正しい理解であり、ネイティブ・スピーカー並みの発話を要求します。

一方で近年の第二言語習得の考えでは、誤りは発達段階で生じるものであり、いずれは正用へと導かれるものであるとします。むしろ誤用を犯すことにより、コミュニケーション上の挫折を味わい、その経験が習得を促すという考えです。

大家(おおや/たいか、中国語では「みなさん」の意味)、気配(けはい)/気配り(きくばり)、日当(にっとう)/日当たり(ひあたり)など、音訓を違えると、全く異なった意味になるものもありますね。

つまりコミュニケーション上支障を来すようであれば、しっかりと誤りを訂正した方がよかろうと考えられます。

あるとき電車の車掌さんが、「来る(くる)4月25日から…」などとアナウンスしていたのです。日本語教師根性から誤りを取り締まりたくなったのですが、電車の運行に支障を来すわけでもないので、車庫入りさせておきました。

かけこみ人　学習者の心理として、頻繁に誤りを訂正されると、学習意欲を喪失してしまうことがあるのかもしれませんね。

説法50　隣はなにをする人ぞ

かけこみ人　先生は、どこかへお出かけになって、道が分からないとき、どなたかに尋ねるタイプですか。それともスマホなどで調べるタイプですか。

住職　私は断然「尋ねる」タイプですね。先日もこんなことがあったのです。

地下鉄のターミナルで、行先表示を見ながらなにやら話している数人のグループがあったのです。どうやら訛りの強い中国語のように聞こえたので、稚拙な北京語で「どこへ行きたい」のか尋ねてみました。通じたらしいです。ところが返答された中国語がまったく分かりません。なんとか行先だけは分かったので、降りるべき駅を教えたのです。どうやら中華系のマレーシア人らしいです。

私が遭遇した、このような場面は、今の日本では頻繁に起こるでしょう。そうしたトラブル回避のために、スマホをかざせば、さまざまな言語で対応してくれるアプリも導入されつつあります。

しかし私がここでいいたいのは、それではあまりに寂しい！ということです。便利な世の中にはなったものの、コミュニケーションの楽しみはどんどん薄れてしまいます。道を聞くのも、買い物をするのも、ネットからとなると、まさに「隣はなにをする人ぞ」で、人と人との交わりが皆無になってしまいます。日本人本来の持っている「暖かさ」や「親切心」を感ぜずじまいに帰国して行っては、何のために日本へ来たのかわからなくなってしまいます。どこの国にいてもネット一つで買い物はできます。旅先で買って食べることにこそ、旅の楽しみがあるはずです。

そのマレーシア人との別れ際に発せられた「謝謝」の一言が、どれだけ私の心を豊かにしてくれたことでしょう。

コミュニケーションのうまい人はオーラを発しているらしいです。そのオーラこそ、「優しさ」オーラであり、日本人オーラであると思うのですが。

かけこみ人　コミュニケーションがお好きな先生の人格がにじみ出ているようですね。私も積極的に外国人に話しかけるように心がけます。

説法51　隣りはなに人？

かけこみ人　最近、私の住んでいるところでも、外国人らしき人がどんどん増えていて、街を歩いていても、いろんな言葉が聞こえてきます。これから先、外国人の割合はますます増えていくのでしょうか。

住職　そうですね。確かに街を歩いていると、様々な言葉が飛び交っていますね。

先日静岡県の浜松へ出張したんですが、日本の中でも外国籍住民の占める割合の高い街です。実はどんな人に出会うか、ワクワクしていたんです。

駅前でコーヒーを飲んでいると、隣りにいた若い男性がポケットからスマホを取り出し話し始めたんです。スペイン語のようでした。顔つきからして、てっきり日本人だと思っていたのですが、どうやら日系人らしいです。

なにも日系人やスペイン語が珍しいわけではないのですが、最近は中国や台湾からの旅行者が街のいたるところにあふれかえり、中国語を聞く機会が多いですよね。日本人っぽくて、日本語以外の言語というと中国語と洗脳されていた私は度肝を抜かれました。

今後こうした状況はますます頻繁に起こるでしょう。コンビニへ行っても、中国人の店員さん(アルバイト?)が「いらっしゃいませ」と声をかけてきます。インドネシア、ベトナム、タイなどの留学生が増える傾向にあります。するとこれまでとは異なった言語を聞くことも多くなるでしょうし、異なった行動パターンを持つ人と出会う機会も増えることでしょう。日本は多文化共生時代へと向かっています。

浜松駅前でホテルの所在を聞いたら、「知りません」といわれました。どうやら中国人らしい。そんなおかしな日本語にも腹を立てることなく過ごせる時代もそのうち訪れるのでしょうが、そんな日本語が街にあふれたら、いや寂しいですね。

かけこみ人　先生、すると日本人のコミュニケーションの取り方も変化していくかもしれませんね。いろんなコミュンケーション・パターンを身に付けないといけなくなりそうですね。

説法52　「ＫＹ」

かけこみ人　「ＫＹ」って言葉がありますが、最初に聞いた頃は何のことか分かりませんでした。若者だけで通じる暗号のような言葉ってたくさんあるのですね。

住職　「ＫＹ」とか「そんなの関係ない」とかいう言葉がはやっている(た)ようです。まさに「自己中」を象徴する若者言葉として面白いですね。

本説法では、何度か若者言葉を取り上げてきました。本来若者言葉やキャンパス用語などの位相語は、特定の範囲だけで使用されるもののはずですが、最近では、若者以外の人も若者言葉を使うし、特定の範囲に限ったものではなく全国バージョンとなったものも多いです。

「めっちゃ」は、元来関西を中心に使われていたのですが、箱根を越えて上京し、今や日本国籍を取得して、老若男女を問わず「めっちゃ」を「滅茶苦茶」連発します。

日本語教育で若者言葉をどう扱うかは重要な問題です。日本語教科書には、もちろん「めっちゃ」も「ジャパ語」も載っているはずはありません。しかし学習者が日本や日本の大学で日本人とコミュニケーションを取るためには必須の言葉となってきます。また生の日本語に接する機会の少ない海外の学習者の場合はどうなのでしょうか。日本人教師が「今日はめっちゃ寒いですね」などといっても学習者の理解は得られないでしょう。むしろ「今日はとても寒いですね」という規範的な日本語が求められることになります。すると、日本国内と海外の日本語教育では求められるものが異なるのではないか、という疑問が沸いてきますが、その通りです。

日本語教育は、ただ通り一遍のものではなく、学習者のニーズに応じて姿・形を変貌させていかなければならないものなのです。教師自身も時と場に応じて七変化することが必要です。

「ＫＹ」が「空気読めない」ではなく「空気読める」に、「そんなの関係ない」なんて呑気なことはいっていられません。それが「K教育Y用語」。

かけこみ人　日本語教育は、「空気読めない」ではなく、「空気読める」で、学習者の空気を読んでいかなければならないのですね。

説法53　あかふく

かけこみ人　日本語は同音異義語が多くて、言葉遊びもしやすいと思うのですが、同音異義語が多いことは日本語学習の障害になるのでしょうか。

住職　先日こんな経験をしました。

京都駅の名店街の一角の喫茶店で、留学生を交えた数人とお茶を飲みながら(お茶しながら)雑談していたのですが、一人の先生が「『あかふく』買ってくる」といって立ち上がったのです。買い物を終えて戻ってきた先生に、そこにいた留学生が、「奥さんへのお土産ですか、それとも先生のですか」と尋ねたところ、「いやいや、家族みんなが好きなので」。この瞬間ハッと気づいたのです。「『あかふく』というのは、三重県の伊勢というところの名物で、『赤い服』ではありませんよ」と、大笑いになりました。結局その留学生には、もう一つ「赤福」を買ってきて、味見をさせることになりました。

とかく日本語には同音異義語が多く、ジョークや冗談が作りやすいのですね。落語や漫才が興隆するのもそのためだと考えられます。

ところが最近は、「サブー」(寒い)とか「オヤジ」とかいって、豊かな日本語の「ことば遊び」にシャッターを閉ざしてしまう若者が多いようです。これでは会話の円滑剤としてのジョークを排除してしまうことになり、コミュニケーションが貧弱になってしまいます。オヤジの苦言になるかもしれませんが、高尚なジョークのつもりで発した冗談を解せぬ若者も増えているのは寂しいかぎりです。聞き手ではなく、冗談をいった当の本人がサブ(寒)くなってしまう。結局は語彙力・日本語能力が低下していると考えていいでしょう。

日本語学習者には、いわゆる日本語の駄洒落が理解できるようになると一人前であるといえるでしょう。先の留学生が別れ際に発した『あかふく』ゆっくりお召しください」は、単なる敬語表現の間違いか、「召し上がる」と「召す」とを引っかけた高尚すぎるほどの冗談か、確認するのは野暮だが、後者なら、かなりの冗談「巧者」と考えられるでしょう。

かけこみ人　確かに上手にジョークや冗談を会話に盛り込むと、会話が活性化し、心にも余裕が生まれますね。でも学習者にはかなり習得が難しそうですね。

説法54　トウセキをする／受ける

かけこみ人　あっ、先生、トウセキを受けたとか聞いて心配していたのですが。大丈夫ですか？

住職　いろんな人からそんなことを聞かれるのですが、どうも間違って伝わったようですね。実は、「病気で透析を受けている」のではなく、「石を投げられて、投石を受けた」んです。笑い話ではすまされない、はなはだしい誤解ですよね。

日本語は数多くの同音異義語を有する言語で、それを元にジョークや駄洒落が作りやすいんですね。このような笑い話は、語彙的に見るととても面白いですね。

「透析をしている」は病気の患者が「透析治療を受けている」意味でしょうが、わずかな場合には、医者が患者に「透析治療を施している」意味にも取れます。「投石する」なら「石を投げる」という暴力的行為で、その被害者となった場合には「投石を受ける」としなければなりません。

このような誤解は、「トウセキを受ける」と聞いて、年齢的な先入観から「投石」ではなく、「透析」がイメージ化されたところから生じたものでしょう。

同じような言葉に、「手術をする／受ける」「採血をする／受ける」があります。どうも私が連想するものは病院関係の語彙が多いようですね。

多くの場合には、「訪問をする／受ける」「招待をする／受ける」など、「する」と「受ける」で、行為の仕手と受け手が逆になるのですが、「透析」や「採血」などは「する」ひとつでアクティブな行為もパッシブな行為も表すところが面白いですね。

また「投石される」はできても「透析される」はできません。同音異義語であるといっても、音の観点だけではなく、このような語彙の広がりとして観察してみると意外な発見も多いですね。みなさんはどんな思いをする

／受けるでしょうか。

かけこみ人　なによりも先生がご無事で安心しましたが、言葉の取り違いから予想だにしない方向へ広がっていくのは恐ろしいですね。

説法55　お決まりになられましたら

かけこみ人　今年の夏、九州を旅行してきたのですが、どうも私の知っている敬語のシステムとは異なった敬語が使われているようです。私の聞き間違いでしょうか。それとも私の敬語が間違っていたのでしょうか。

住職　その通りです。

日本語教師をしているせいか、街で聞く日本語にはやたらと敏感になります。

私も以前熊本へ出張し、オヤッと思ったことがあります。まずはホテルのフロントで、「おかけになられてお待ちください」。そしてレストランでは、「おタバコはお吸いになられますか」「ご注文がお決まりになられましたらお呼びください」。

これらは二重敬語と呼ばれるもので、正しくは、「おかけになって…」「お吸いになりますか」でいいのです。または「かけられて…」「吸われますか」という方法もありますが、ホテルやレストランなどの接客場面では待遇度の高い前者が好まれるでしょうね。

ここで問題となるのは、「お決まりになられましたら」の二重敬語を通常にして、「お決まりになりましたら…」ができるかどうかなのです。

そもそも敬語(尊敬語・謙譲語)使用には、「話し手と聞き手と表現対象(話題の人自身またはその人に関する物・行為など)が関与してくることになり、「お決まりになる」は自動詞表現で、ここには「人の行為」は関与してきません。では「お決めになりましたら…」とすればどうでしょう。表現上はおかしくないですが、いかにも「早く決めろ」と催促しているように感じませんか。こんなときは「お決まりでしたら…」とすると、中立的であっさりとしていますね。

熊本在住の友人の日本語教師によると、熊本では敬語のシステムが単純で、すべてが「れる・られる」で片付けられるといっていました。そういえば、私も、熊本滞在中、「お一人だけ変更されますか」(ホテルの発券窓口)、「ここで飲んで行かれますか」(薬屋さん)などを耳にしました。さりとて間違いとはいえませんが、地方独特の表現と考えていいでしょう。

とにかく熊本は「よか」とこ、どんな日本語も「ばってん」(×)とはならないのですよね。

かけこみ人　まんざら私の言語感覚も狂ってはいなかったのですね。それにしても敬語って難しくて、奥深いものなのですね。

説法56　あらかじめお買い求めの上ご乗車ください

かけこみ人　「車内販売はいたしておりませんので、あらかじめお買い求めの上ご乗車ください」というアナウンスを聞くのですが、何か舌足らずのような感じがします。そう感じるのはわたしだけでしょうか。

住職　そうですね。JR京都駅の特急電車の乗り場で、よくそんなアナウンスを耳にしますね。私も何らかの情報が漏れているように感じます。

みなさんは、このアナウンスに物足りなさを感じないでしょうか。いったい何を買い求めて乗車すればいいのでしょうか？　乗車券か、それとも何か必ず買わなければならないものでもあるのか？　不安になってしまいますよね。

日本語は高コンテキスト言語で状況依存型言語であるため、すべてをいわなくても意は通ずることが多いです。おそらくは、「お茶などの飲み物や好みの食べ物」のことでしょうが、旅慣れぬ人には理解し難いでしょう。ここでは、電車の中では必ず飲み食いするということが前提になっていますよね。

同じJRで、「今日もご利用ありがとうございます」というのもあります。あとひとつ調味料の足りない気がします。

今日JRの改札を通る際、「ご利用ありがとうございます」と聞こえてきました。これには違和感を覚えません。なぜでしょう？　おそらくは、改札を通り抜けるのは瞬時で、長い挨拶を聞いている暇がないのです。しかし駅のホームでは、比較的長い時間を過ごし、客の立場からは、乗るべき電車について詳細な情報がほしいところなのです。

先日授業を欠席した学生が、その翌日、「先生、レポートの課題ください」とやってきて面食らいました。やはりなぜやってきたのか、授業を欠席した旨を伝えてほしいところでした。

言葉の丁寧さというのは、ただ文末表現や敬語・謙譲語の使用だけでは解決できないものと思われます。疎遠な人であればあるほど、高コンテキスト表現を用いない方が好感度は高まるようですね。

かけこみ人　特急電車のホームのようなところでは、お客さんは、多かれ少なかれ不安を感じていますので、丁寧な情報が提供されると喜ばれますよね。

説法57　お降りになる際まで小銭をご用意ください

かけこみ人　「暗くなるまでに帰る」と「暗くなるまで待つ」の「までに」「まで」を日本人は無意識のうちに使い分けているようですが、いざどこが違うと聞かれると、うまく説明ができません。いったいどこが違うのでしょうか。

住職　先日、日本語教育関連の仕事で山形に行ったのです。市内循環バスに乗ると、次のようなアナウンスが聞こえてきました。

「お降りになる際まで小銭をご用意ください」

このアナウンスのことを会合で出会った知人(日本語教師)に話すと、そこはさすがに日本語教師、そんな日本語は聞き逃しませんでした。間違いに気づいていた人は少なからずいました。

「まで」と「までに」の相違は、日本語教育では重要な指導項目になっています。「まで」の後には、「継続的動作」が現れ、「までに」の後には、瞬間的動作が来ます。「先生が来るまで教室で待つ」「できるようになるまで練習する」などは、前の動作と後の動作が並行的であるのに対して、「暗くなるまでに帰る」「先生が来るまでに教室に入る」では、前の動作に先駆けて後の動作が起こります。

「あいだ」と「あいだに」の相違も全く同様です。

先のバスのアナウンスですと、「バスを降りるまでずっと小銭を用意している」ことになってしまいます。

日本語教師の耳はとかく敏感になっています。普段私たちが日本語を使うときには、意識もしていないことが日本語教育では重要な項目となるのです。「おかしいな」と気づいたら、なぜ「おかしい」のか掘り起こして考えてみるのがいいでしょう。街の中には「おかしな」日本語があふれているはずです。

どんな「おかしな」日本語があるか、皆さんも冬の「あいだに」、暖かくなる「までに」探し出しておいてください。

かけこみ人　そういわれてみると、確かに違いますね。どこが違うのか考えていると、朝「まで」眠れなくなってしまいそうです。

説法58　お化粧室へ行ってきます

かけこみ人　「お化粧室」という表現がありますよね。とてもきれいないい方だと思うんですが、先生はどうお思いですか。

住職　私にはこんな経験があります。

ある男子留学生が、「化粧室へ行ってきます」といって、教室から出て行ったんです。思わずニヤリとしてしまいました。

「トイレ」を表す語はいくつかありますよね。「便所、厠、手洗い…」。これらは同義語といわれるもので、指すものは同じであっても、使い方には相違があります。

先の発話がなぜそぐわないのかは、男性が化粧に行くのか、という疑問と同時に、そもそも大学に化粧室があるのか(もっとも最近の大学はすごいですが！)という問題です。

日本語教育で語を与える場合、ただ語の意味だけを与えたり、男性語／女性語、普通語／美化語などと指導されることが多いようです。この男子学生は、表現を美しくするために最大の努力をしたのでしょう。

化粧室が使われるのは、デパートやホテルだけであって、一般家庭では便所やトイレしか使われませんよね。一般家庭では、「化粧室へ行ってくる」とはいわないのです。同義語の指導には、男性語／女性語だけではなく、語の用いられる状況や場面にも十分な注意を払う必要があります。

ところで皆さんは普段、ご飯をお食べでしょうか、それともライスをお食べでしょうか。両者が指すものは同じであっても、お椀に入っているか、お皿に盛られているかは別として、「ライスを炊く」とはいわないでしょうし、「ライス大盛り」とは、その場面を想像しにくいですよね。

「化粧室」の話に戻りますが、その語が用いられるようになったのはごく最近のことで、それまでのトイレには、「化粧を直す」というイメージはまったくありませんでした。トイレ自体もそれを表す語も「美化」されているようです。そのうち大学や駅のトイレでも「化粧室」というプレートが普通に見られるかもしれませんし、「レストルーム」などといった呼び方も出てくるかもしれませんよ。英語では、〝Ｐｏｗｄｅｒ Ｒｏｏｍ〟といういい方があるそうです。

かけこみ人　へえ、おもしろいですね。用途や目的とともにいい方も変化していくのですね。

説法59　お電話お借りして

かけこみ人　先日、あるセールスの方から電話があり、「お電話お借りして…」というのですが、この日本語、正しいのでしょうか。

住職　はい、私もこの「お電話お借りして…」には何度か遭遇したことがあり、「あなたに電話は貸していない。私は私の電話を使っている」といって、電話を切りました。

本来「借りる」というのは、「ペンを借りる／金を借りる／名前を借りる／時間を借りる」などのように、相手の持ち物であったり、相手に属する物を短時間借りて、用が済めば返す、意であるはずですが、「電話を借りる」というのは、自分は自分で電話を使っているのに、どうも腑に落ちない表現です。最近のネット社会の反映なのでしょうか、すべて繋がっているという極めて自己中心的表現だと思うのです。

この手のビジネス用語は、どうもしっくりこないのが多くて、「○○様の携帯でしょうか」「今お時間よろしいですか」「お電話番号頂戴してもよろしいですか」などという表現は、携帯電話が普及するまではなかったいい方でしょう。

暑さ寒さにめげず、セールスに精出していらっしゃる方には申し訳ないのですが、きちんとした日本語をお話になるほうがセールス成績は上がるのではないか、と提唱いたします。留学生に対する日本語の授業でも、ビジネス日本語の教授が必要となってきましたが、私はこんな「お電話お借りして」なんて日本語を教えるのはイヤです。留学生に日本語を教える前に、先ず日本人に日本語教育をといいたいところです。

今日は皆さんのお時間をお借りして、こんな愚痴をこぼしてしまいましたが、お借りした時間分だけ有益なお話を、お返しできたでしょうか。

かけこみ人　そうですよね。電話を貸した分だけ返してくれるようなセールスであれば、問題にはならないのでしょうね。

説法60　お名前頂戴してもよろしいですか

かけこみ人　先日ある会社へ電話をかけたら、受付嬢に「お名前頂戴してもよろしいですか」といわれ、思わず、「はい、いいですよ」といってしまいました。「お名前頂戴する」とは、どうもしっくりこないのですが、正しいいい方なのでしょうか。

住職　なるほど、「お名前頂戴してもよろしいですか」って、最近よく耳にしますね。こんな時は、「○○と申します」と答えるのが通例であるようですが、「よろしいですか」と聞かれたら、「はい、いいですよ」などと返答するよう、日本語学習者には指導します。

いわば日本語では「あうん」の呼吸で、相手が何を要求しているのか汲み取らなければならないのですね。学習者には、日本語文法以上にむずかしい学習項目となるでしょう。

いつからこんな表現が用いられるようになったのでしょうか。「何とか保護法」とやらで、個人情報の取り扱いには慎重にならざるをえませんが、話を戻して、「お名前頂戴」など、丁寧なビジネス表現として教えるべきか、日本語の乱れとして取り扱うべきか。丁寧なビジネス表現として、マニュアル語と化してしまったきらいがあるようですね。

問題は、「～てもよろしいですか」ではなく「頂戴する」のほうにあるようです。「頂戴する」は、あくまでも「モノをいただく」場合にしか使えないはず(例えば、お隣さんにお土産を頂戴した／先生にお言葉を頂戴した)で、「名前を頂戴する」は、先人の名前を子供につけることにしかならないはずです。

こんなことをカフェで考え、レジへ向かったら、「500円頂戴してもよろしいですか」といわれました。「〜てもよろしいですか」が丁寧な接客用語として蔓延していくのは恐ろしいですね。今日はこのへんで、話を終えさせていただいてもよろしいですか。

かけこみ人　丁寧だと思っている表現の中には、日本語としておかしいものがたくさんあるようですね。耳慣れていくと、それが正しい表現として定着していくのが恐ろしいです。

説法61　おもろすぎ

かけこみ人　最近、「おもろすぎや」のような、形容詞に「すぎる」が付いて、体言止めされる表現を耳にするのですが、正しい表現なのですか。

住職　そうですね。「おもろすぎ」というような表現を、私もよく学生が使っているのを耳にします。「でかすぎ」「やばすぎ」などと、形容詞に「すぎる」が付くのですね。「おもしろすぎだ」「やばすぎだ」などと、体言止めされることに違和感を感じるというわけですね。「この服は大きすぎる」や「この問題はむずかしすぎる」のような、形容詞＋「すぎる」なら、なんら異様ではありませんよね。とにかく想定範囲を超えているのが「すぎる」という動詞の意味です。

動詞＋「すぎる」なら、複合動詞として、「食べすぎ」「飲みすぎ」「働きすぎ」など、体言止めの例はいくらでも見つかりますが、「おもろすぎ」「やばすぎ」は、「過剰般化」でしょうか。いやいや「食べすぎの場合」はできても「おもろすぎの本」はできないので、若者言葉または誤用と考えたほうがいいでしょう。「とてもおもしろい」「非常にやばい」というような、副詞的接尾辞と考えられます。もはや想定範囲を超えた表現で、動詞本来の意味は薄れているようです。

「でかっ！」「やばっ！」などと、開口一番に感想を述べる現象が観察されるのですが、副詞を用いて程度を表すことを忘れてしまった一例となるでしょう。語彙で程度を表すのではなく、イントネーションやプロミネンスによって「おもろい」「やばい」程度を表そうとしているようです。

日本人学生が、テストの感想を「先生、むずすぎや」ともらしてきました。一方で留学生は、「先生、めっちゃむずかしいです」と述べてきました。さあ、どちらのほうにむずかしさが込められていると思いますか。

かけこみ人　はい、先生のおっしゃる通りで、語彙力の不足分を感情によって補おうとする傾向があるようですね。

説法62　カブる

かけこみ人　最近よく若い人が「カブる」っていいますよね。意味は分かるのですが、昔からあった日本語でしょうか。

住職　「先に話したこととカブるんですが…」「ごめん、明日の予定カブっちゃう」などと、「カブる」という言葉を最近よく耳にしますね。

「かさなる」と「ダブる」とが合わさった(カブった)合成語と考えていいでしょう。若者言葉としてかなりの市民権を得てきているようですが、公的・私的場面、書き言葉・話し言葉を問わず、あたかも完熟した言葉のごとく使われるのには警告信号を発したいと思います。

一旦「カブる」などという言葉に使い慣れてしまうと、「重複する」や「重なる」「バッティングする」などという旧来の言葉が忘れ去られてしまい、語彙が貧弱になるのはなんとも寂しいですね。

若者言葉には流行り廃れがあります。「カブる」がどれほどの勢力を持っていて、寿命が何年くらいあるのか分かりませんが、さて廃れたときに、元の「重複する」…に戻るのか、また別の言葉が台頭してくるのか、興味のあるところです。かつて一世を風靡した「ナウい」「ダサい」「そうすか!」などもやや勢力を衰えさせている感がします。

日本語教育では、カバー率の高い上位語から教えます。ソファやベンチよりも「椅子」を先に教え、ハンドバッグやリュックサックも「かばん」でひとくくりするのです。この論理からは、「カブる」一語で「重複する」も「重なる」も「バッティングする」も使えることになり、オールマイティーな性格を持った、「上位語」ということになります。かといって、「カブる」を日本語教育に導入すべきか、若者とのコミュニケーションに必要な語と捉えるべきか、それとも初期のうちは導入を控えるべきか。私なら後者に従い、学習者が日本の若者とのコミュニケーション上必要だと感じたときに導入すればいいと考えますが、いかがでしょう。

それにしても若者でない私が若者言葉を教えるには、自ら「若者である」と猫を「カブって」いくしかないでしょう。

かけこみ人　確かに「重複する」や「重なる」って、あまり使わなくなったかもしれませんね。

説法63　コーヒ250円

かけこみ人　京都の観光地で、古い食堂に入ったら、「コーヒ300円」と書いてありました。「コーヒー」とならないのは方言なのでしょうか。

住職　面白い観察ですね。

関西、特に京都では語尾の長音が短くなります。

コーヒ、セータ、がっこ(学校)、せんせ(先生)、こうこ(高校)、食べよ(食べよう)、行きましょか(行きましょうか)、ごじゅえん(ごじゅうえん、50円)など、数え切れぬくらいあります。JR西日本のICカードを「ICOCA」といいますが、「行こうか」から来たものらしいです。

そのくせ、一語音は長くなります。目えが痛い、手えを洗う、背いが高い、そんな気いがする、絵えが上手、尾おの長い鳥…。実際、関西で作られた日本語の教科書に「せいが高い」となっているものがありました。

「せんせ、明日がっこ、来られますか」「コーヒでも飲みましょか」といわれると、ずいぶん縮約されたように感じますね。

日本でいちばん人の歩くスピードの速いのは、大阪駅前の歩道橋だそうですが、関西人はせっかちなのでしょうか。せっかちゆえに、気いの早い人も多いのかもしれませんね。

でも、こんなことを話していると、関西人にお叱りを受けそうですね。

「せんせ、関西でもかんと(関東)でも気いの短い人は短いし、あわてんぼ(慌てん坊)はどこにでもいます」と。

かけこみ人　先生のおっしゃるように、京都の人の話を聞いていると、短くなったり、長くなったり、標準アクセントとは違いますね。

説法64　コーヒー飲みたい

かけこみ人　日本語には助詞がありますよね。助詞があるからこそ、語と語の関係が分かりやすいと聞いたことがあります。でも最近では助詞を省略することが多いですよね。助詞って、学習者には難しいのでしょうか。
住職　「ただ今3番乗り場停車中電車湖西線新快速近江今津行きです」。この文には助詞がひとつもありません。この文に助詞を入れろといわれると、ほとんどの人が「ただ今3番乗り場に停車中の電車は、湖西線新快速の近江今津行きです」とすることでしょう。
では「コーヒー飲みたい」ではどうでしょうか。「コーヒー〔が／を〕…」で意見の分かれるところでしょう。

日本語教育では、「〜が可能形(日本語が話せる)」「〜がほしい(新しい服がほしい)」「〜が〜たい(コーヒーが飲みたい)」「〜がすきです／きらいです(カラオケがすきです)」などでは、助詞は「が」であると指導します。しかし最近では、「日本語を話せる」「コーヒーを飲みたい」などと、「を」を使う人も多いです。すなわちここには「ゆれ」が見られることになります。実際には「が」を使うか「を」を使うかでは、行為の対象となるものに焦点があるのか、行為に関心があるのかで、意味は異なってきます。また話し言葉では、「が」も「を」もどちらも使わないことが多いですよね。

では「昨夜京都で、道路を歩いていた男性(　　)背後から自転車に乗ってきた女性(　　)殴られる事件があった」の場合はどうでしょうか。ここでは文法的な問題に加えて、社会的な通念(殴りかかるのは普通男性だろう)が助詞選択の邪魔をしてきます。

ニュースや新聞などの報道では、「だれがだれに」という格関係(因果関係)を間違うとまったく反対の事件報道になってしまいます。

冒頭の駅の電車の発着案内の場合は、状況や場面の支えで助詞がなくても問題は生じないでしょうが、普段から助詞を入れて話す訓練をしておかなければ、なんとも頼りない日本語と判断されかねません。

かけこみ人　助詞って、誰が誰に、などの関係を示す重要な働きをしているのですね。確かにニュースや新聞では、助詞がないと、まったく反対の意味にとられてしまいそうですね。

説法65　ご乗車になられましたら

かけこみ人　ＪＲの駅ホームで、「ご乗車になられましたら、車内中ほどまでお詰め合わせください」というアナウンスをよく聞くのですが、この「ご乗車になられる」というのは敬語表現として正しいのでしょうか。

住職　結論からいって間違いです。

なぜこのような間違いが起こるのでしょうか。つまりわれわれ日本人は、これまで敬語のシステムについて学んだことも、考えたこともありませんよね。これに対して日本語学習者の場合は、敬語にしろ、可能形にしろ、受け身にしろ、システマティックに日本語を学んでいるので、間違いには敏感になっています。むしろ学習者の方が正しい日本語を使っていることがあるのです。日本語ネイティブの場合は、学んだこともなければ、耳慣れた言葉には、それが正しく思えてきて判断がつきかねることすら起こってくるのです。

ちなみに、「書く」「休む」等の和語動詞は、「書きます」「休みます」の「ます形」を「お～になる」→「お書きになる」「お休みになる」とし、「出発する」「乗車する」等の漢語動詞の場合は、「ご～になる」→「ご出発になる」「ご乗車になる」と教えます。よって先の「ご乗車になられる」は、二重敬語となっておかしいのです。

海外で純粋培養されて日本語を学んだ学習者が日本へやってくると、日本人色に染まっていくことがよくあります。確かに語彙力や表現力は向上するでしょうが、正確さからはどんどん遠のいていくようです。

私がここでいいたいのは、「日本人にも日本語教育を」受けてもらう必要があるのではないかということです。自分の言葉のシステムを学ぶと、これまで知らなかった不思議な現象に気づくようになるでしょう。

お昼すぎに訪ねてきた中国人学生が、「先生、もうお食事なさいましたか」。その後やってきた日本人学生が、「先生、もう昼ご飯終わられましたか」。さああなたはどちらが正しいと思いますか。

かけこみ人 なるほど、システマティックに学んでいくと、「ご乗車される」はおかしいですね。日本語文法を学んでみたくなってきました。

説法66 この電車は、京都まではやくなります

かけこみ人 先生はよく電車を利用されるようですが、駅のアナウンスなどに「あれ？」と思うことがありませんか。

住職 はい、しょっちゅう日本語の面白さに遭遇しています。一例を紹介しましょう。

「この電車は、京都まではやくなります」。ＪＲ駅員さんのアナウンスです。「はやい」のは、「早く着くのか」「京都まではスピードが速くて、そこから先は遅いのか」と考えてしまいます。

日本語の「はやい」は音こそ同じものの、今いいましたように「早／速」で意味が区別されます。英語では、〝ｅａｒｌｙ／ｑｕｉｃｋ／ｆａｓｔ〟と言葉も意味も区別され、中国語でも「快」と「早」は言葉も意味も異なってきます。

そういえば反対の「遅い」も然りで、日本語では「夜遅く帰る」も「歩くのが遅い」も同じ一つの言葉ですが、

英語では〝ｌａｔｅ〟と〝ｓｌｏｗ〟が対立してきます。

ところで日本のお母さんが子供に対して最もよく発する言葉は「はやくはやく」だそうです。この「はやく」は、「早く」か「速く」か、どちらともとれそうですね。

言語には、それぞれお得意の分野があるのですが、日本語は「はやさ」に関しては鈍感な言語であるようです。今日話題にした駅員さんのアナウンスに敏感に反応する人はどのくらいいらっしゃるでしょうか。私は、日本語教師という職業病からか敏感に反応せざるをえませんが、おそらく多くの人が聞き流しているのは、そんな日本語の語彙の広がりのせいかと考えられます。

「すいた扉から分かれてご乗車ください」と聞いて、「すいた扉から別れて（離れて）」乗車する人はいないでしょう。「すいた扉に分散して乗車する」ことだと自然に解釈しているのが常だと思います。

つまり私たちは、知らず知らずのうちに自己モニターしながら、自分の都合のいいように言葉を解釈していることが分かります。問題の「はやくなります」も、いつもその駅を利用している人なら、「次の電車より早く着く」ことは容易に理解できるでしょうが、通いなれぬ人や外国人なら勝手に自分にとって都合のいい解釈を選んでしまうでしょう。「新快速」なんて電車は、とてつもなく「はやい」電車になってしまいますね。

かけこみ人　これまで日本語を聞いていて、あまり意識していませんでしたが、よく聞いてみると面白いことに気付くようになるのですね。

説法67　これ、めっちゃやばい！

かけこみ人　「やばい」という言葉をよく聞きます。昔は、あまり「好ましくない状況」の場合にしか使わなかったように思いますが、最近は「好ましい状況」でも使うのでしょうか。

住職　どうも使用範囲が拡大しているようですね。

「これ、めっちゃやばい！」、こんな言葉を耳にするようになりました。「これはとてもいい、おいしい」という意味なのでしょう。「めっちゃ」はかなり市民権を得てきたようですが、本来「都合が悪い、危険である」といったマイナス評価を表した「やばい」が、ここでは転じて「都合がいい」というプラス評価の意に用いられています。ある男性人気俳優がテレビで用いたのが始まりのようです。

「ぜんぜん」という副詞も、かつては「ぜんぜん分からない」などと否定的な意味で用いられたのですが、今では「ぜんぜん大丈夫」などのように肯定的にも用いられます。

言葉は時代の流れとともに変化していきます。これを「誤用」と見るか、「乱れ」と見るか、はたまた「ゆれ」か。誤用も使用範囲が広がると、乱れ、ゆれ、正用という順序を辿って一般に受け入れられるようになります。

現代の「ゆれ」として「ら抜き言葉」がよく取り上げられます。「お箸1本」や「3時ぐらい」というのも「ゆれ」と捉えてもいいかもしれません。

しかしこれらの「ゆれ」が許容されない場面もあります。例えば標準日本語としての規範を示すＮＨＫでは、言葉の変化にはかなり保守的で、「乱れ」や「ゆれ」には抵抗しています。

さて日本語教師はいかにあるべきでしょうか。場面ごとに適切な言葉を選んで使い分けのできるように指導することが望ましいのではないでしょうか。日本語教師は「言葉のプロ」です。言葉遣いにセンシティブで、美しく正しい日本語を伝える伝道者であってほしいと願います。

私の日本語説法が、日本語や日本語教育に悩める人にとって日本語を見直す「やばい機会」となれば「めっちゃ幸い」です。

かけこみ人　確かに「やばい」「やばい」といいことにも、悪いことにも使いますが、それは本当に「やばい」ことですね。

説法68　これから～会が始まります

かけこみ人　日本語には、「始まる」／「始める」、「止まる」／「止める」のような対立がありますが、他の言語にもこのような対立があるのですか。

住職　日本語は「自動詞」と「他動詞」を有する言語です。といっても、多くの日本語母語話者は無意識のうちに両者を使い分けていることでしょう。動詞に自動詞／他動詞のあることを知るのは、悲しいかな国文法からではなく、英文法からであるようです。中学の英語で「目的語を取る動詞／取らない動詞」と習います。

動詞の自／他を区別しない母語を持つ日本語学習者にとって、この使い分けは殊のほかむずかしいようです。

中国語母語話者の誤用に、例えば会合の司会をしてもらうと、「これから○○会が始まります」「これで○○が終わります」などというのがあります。中国語には動詞の自/他がないのです。「他家生了孩子」(彼の家が子供を生んだ/彼の家に子供が生まれた)というのがあります。中国語では「生む」も「生まれる」も漢字一字(生)で表します。

日本語では自動詞には「が」がつき、他動詞には「を」がつく、といってしまえば簡単ですが、「ドアが開いている」(自動詞)、「ドアを開けている」(他動詞)。「ドアが開けてある」(他動詞)等のように「～ている/～てある」文となるともうお手上げです。日本語学習者にとって難しいのは、形態的な問題よりもむしろ、「ある状況をどう表現すれば日本語らしくなるか」にあります。冒頭の「～が始まります」がおかしいのは、文法的な誤用というよりは、「日本語らしさ」(非用)の問題であると考えられるでしょう。

日本語教育の目的は、このような表現を理解させると同時に、適切に使い分けのできるよう運用能力を高めさせることにあります。日本人は無意識的に自動詞/他動詞を使い分けているといいましたが、日本語を体系的に教えるためには、どんな表現にどんな形がつくか、整理しておくと同時に、どんな場面でどんな表現を用いるのが適切か、教授者自身が豊かな日本語の使い手にならなければならないのですね。

最後に宿題、「今日はこれで終わります」の「終わります」は自動詞?・他動詞?

かけこみ人　確かに私たちは、自動詞/他動詞を無意識のうちに使い分けていますが、学習者にとっては、場面ごとの使い分けが難しそうですね。

説法69　これ、すごいすごいです

かけこみ人　「日本語は難しい」といわれますが、簡略化して教えることってできないのでしょうか。

住職　「これ、すごいヤバい」、まるで日本語以外の外国語を聞いているような印象を受けます。「ヤバい」については、否定的評価のみならず、肯定的評価をも表すことは、別の機会にお話ししましたが、今日は「すごい」について考えてみたいと思います。

「これ、めっちゃおいしい」「この本、超おもしろい」など、副詞（程度副詞）の用い方に変化が起こりつつあるようです。つまり本来は形容詞だった「すごい」が副詞と化し、「滅茶苦茶」が「めっちゃ」に短縮され、「超特急」「超人」などの接頭辞にすぎなかった「超」が副詞に転じているのです。副詞である証拠に、次に続く形容詞をも動詞をも修飾する（「すごいきれい」「すごい疲れた」）のですね。

おかげで「非常に」「とても」や「かなり」などの古来の副詞は若者の辞書からは姿を消し、「とても／とっても」や「とても／かなり」など、話し手の「心の度合い」を表すことが難しくなってきました。

副詞の変化は上記ばかりではありません。「正直疲れました」「率直言って」など、「な形容詞」（形容動詞）を名詞として用いることにも及んでいます。

もはやこうなると日本語はますます簡略化し、「あの先生はすごいすごいです」や「毎日元気元気学校行きます」などのような、味も素っ気もない日本語が生まれてしまいます。

昔外国人に日本語を教えるのに「簡略日本語」を提唱した人がいました。評判は芳しくなかったようですが、外国人が初期に学ぶ日本語として「今日は暑い暑いです」は「すごい理解しやすい」ですよね。
考えてみれば、今の若者の使う日本語は外国人並み、といってしまえば、若者に失礼になるかもしれませんが、それとも外国人にお叱りを受けるでしょうか。

かけこみ人　でもあまり簡略化されてしまうと、日本語本来の美しさがなくなってしまいそうで、それもイヤですね。

説法70　これまでに経験したことのない…

かけこみ人　最近よく、「これまでに経験したことのない〇〇」という言葉を聞きますが、具体的にどのくらい規模が大きいのか、わかりづらいです。先生はどうお思いですか。

住職　近年ガチで暑かったり、寒かったりする日がよくありますね。テレビやラジオのニュースなどでは、「これまでに経験したことのない暑さ」などという表現が毎日のように聞こえてきます。なるほど「とんでもない暑さ」であることが理解できます。先般の東日本大震災では、「未曽有の…」という言葉をよく聞きました。その規模の大きさが推察されます。
これらは、日本・日本人という文脈の中でなら理解されやすいでしょうが、もしさほど高温にならない地方や震災のない地域の人たちには、別のスケールを持ってこなければならないでしょう。

少し前までは、「土砂降り」という表現がよく使われましたが、最近は「バケツをひっくり返したような雨」と表現します。確かに具体的で、どのような状態かわかりやすいと感じます。

そもそも比喩表現は、話し手と聞き手が共通の土壌のもとで、たとえられるものが容易に認識されることが前提になっています。その認識が、異なったスケールを持つ日本語学習者には、異なって解釈されることも多々あるでしょう。

「雪のように白い」といっても、雪を見たことのない人にはその白さはつかめないでしょう(「綿のように白い」とか「雲のように白い」というらしいです)。「紅葉のような手」も同様です。「仕事が山のようにある」なんてのは机の上に積み上げられた書類の山」が容易に連想できるでしょう。

「マッチ箱のような家」という表現がありますが、マッチを使わなくなると理解しづらくなるでしょうし、日本のうちも、もはや小さくないですよね。

比喩表現の習得は、実際に日本で生活しなければ困難となるかもしれません。海外の学習者には、それこそ「雲をつかむような」、「経験したことのない」困難を味わうことになるでしょう。

かけこみ人　なるほど、日本語学習者には、ただ文法が難しいだけでなく、日本式文脈が理解できないこともたくさんあるのでしょうね。

説法71　ご注文は以上でよろしかったでしょうか

かけこみ人　レストランなどで注文をすると、「ご注文は以上でよろしかったですか」ときかれますが、「〜以上でよろしいですか」が正しいのではないでしょうか。

住職　「ご注文は以上でよろしかったでしょうか」、レストランでよく耳にする日本語ですね。よろしかったでしょうか」の「た」は間違いで、「よろしいでしょうか」とすべきである、という意見をよく聞きます。

日本語の「た」には二つの機能があります。一つはテンスを表す機能。そしてもう一つはアスペクトを表す機能です。「きのうどこへ行った?」という問いや「映画を見に行った」という返答は前者で、「駅に着いたら電話して」や「春になったら桜が咲きます」というのは後者です。前者は「過去のある時点に動作や行為が起こった」ことを表し、後者は「特に時点を指定せずに、これまで動作や行為が行われたことを表す」のです。

つまり「よろしかった」の「た」は過去の意を表しているのではなく、いわば注文内容を確認するための「た」で、日本語にはこのほかにも、「あなた田中さんでしたよね」「今日は何曜日だったかな」「明日行くんだったよね」など、過去に記憶したことがらを再度確認する機能を果たす「た」です。これがテンスを表すのであれば、「中川さんは滋賀の出身でしたね」などはおかしな文になってしまいます。昔は滋賀出身で、今は違うのか?

「あっ、バスが来た」「あった、あった、こんなところにあった」などの「た」もアスペクトです。

しばしば若者言葉に誤用の烙印を押している私ではありますが、「以上でよろしかった…」の表現は正用であると認められます。

喜んでばかりはいられません。会社などに電話をかけると、「いつもお世話になります」などと返ってきます。これは明らかに間違いで、ここでは「反復アスペクト」を用いて、「お世話になっております」としなければならないでしょう。やはりアスペクトの誤用は存在した！

かけこみ人　「今日は金曜日でしたよね」って、どうして「た」なのか、疑問に思っていたのですが、アスペクトだったのですね。スッキリしました。

説法72　コンタクトをする

かけこみ人　日本語には、帽子をかぶる、ネクタイをしめる、くつをはくなど、衣服を身に付ける動詞がたくさんあるように思います。学習者には難しいのでしょうね。

住職　おっしゃる通りです。帽子をかぶる、ネクタイをしめる、くつをはく、などと一つひとつ覚えていかなければなりませんのでね。

あるとき授業が終わったら、一人の女子学生が、「今日はコンタクトをしてこなかったので…」といって来ました。もちろんいっていることは分かりますが、承服できなかったので、考えてみました。

（　）の中にどんな動詞を入れますか。

帽子を（　　）。／ネクタイを（　　）。／ベルトを（　　）。くつを（　　）／コンタクトを（　　）。／ネックレスを（　　）。／指輪を（　　）。

本来ネクタイやベルトは「しめる」ものですが、ファッション性が高くなるほど、「する」が多くなるのではないでしょうか。「しめる」は行為を表し、「今日は派手なネクタイを（　　）」となると、「している」になるのではないかと思います。殊に女性の場合、ネクタイをしめて「気を引きしめる」というよりはファッションですから、「する」が多くなるのではないかと考えられます。同じように、指輪やネックレスもファッション性が高くなると、「する」が用いられるのです。

そのうち上着やズボンも「する」ひとつで賄えるようになるかもしれませんが、どんなファッションの上着やズボンが登場することでしょう。

かけこみ人　ネクタイも帽子もネクタイも、すべて「する」で済むとなると、学習者には分かりやすいかもしれませんが、味気ない日本語になってしまいそうです。

説法73　しょせん敬語、されど敬語

かけこみ人　日本語学習者と話していると、すごく敬語の使い方のうまいことに気づきます。それに比べて日本人は、ずいぶんと間違った敬語の使い方をしているように思います。それはなぜなのでしょう。

住職　敬語の使えない若者が増えているようです。こんなことをいうと叱られるかもしれませんが。また使用

上の誤りも目立ちます。その背景には、日本の社会構造の変化があるようです。つまり敬語を使う場が減少しているのですね。地域社会や職場で目上の人と接する機会が少なくなり、敬語を身に付ける機会を奪われてしまっているといえるのではないでしょうか。

むしろ日本語学習者は敬語を上手に使用することが多いですね。敬語を学ばない日本人に比べて、学習者は敬語を体系的に学習するのです。日本語初級教科書の一番最後の課では敬語が取り上げられ、重要な学習項目の一つになっています。

では敬語にはどんな機能があるのでしょうか。「尊敬語とは、目上の人を敬って使うことば」などと定義してもいいでしょうか。

こんな情景を思い浮かべてください。帰宅の遅くなったご主人に奥さんが、「あなた、遅いじゃないの！こんな遅くまでどこ行ってたのよ!?」などというと、ご主人の方は、「いいじゃないか、つきあいなんだから！」これでは喧嘩になってしまいます。そこで奥さんが「あなた、ずいぶん遅いのね、どこへ行ってらっしゃったの？」と聞くと、ご主人の方はおとなしくなってしまうでしょう。つまり尊敬語には「人間関係を疎遠にする」機能があるのです。目上の人に尊敬語を使うのも、人間関係が同等でないことを示すものであろうし、反対に家族や職場内の人物のことを話すのに謙譲語を使うのは、同等の立場から表現しているためです。

敬語には、「自分と他者との関わりを表す」機能もありそうです。正しい敬語の使用は円滑な人間関係の維持につながるし、人物評価にもなります。敬語の上手な人に接すると気持ちがいいですよね。皆さんには、是非正しい敬語を身に付け、豊かな日本語の使い手になっていただきたいものです。

かけこみ人　私たち日本人は、学校で国語の時間に敬語の使い方なんて習わなかったのですが、日本語学習者はちゃんと習っているのですね。確かに敬語のうまい人と接すると気持ちがいいですね。

説法74　しっかりとカードをタッチしてください

かけこみ人　先日バスに乗っていたら、「ICカードをご利用の方は、しっかりとカードをタッチしてください」というアナウンスが聞こえてきました。カードをタッチしても料金の支払いはできないように思うのですが…。

住職　なるほど。どんなにカードをしっかりタッチしても料金の支払いはできませんね。もちろんいいたいことは分かりますが、いかにも高コンテキストであるような気がします。つまり「バス料金の支払いに、ICカードを利用する人は、カードリーダーをカードでしっかりとタッチしてください」ということでしょうが、「カードをタッチ」していても料金の支払いはできませんよね。タッチする対象はカードリーダー、手段はICカードではないでしょうか。

「に／を」の使い分けは、学習者には厄介なのです。女性の「体に」(偶然)触っても罪にはならないでしょうが、(意識的に)「体を」触れば罪になりますよね。いや失礼。

助詞を持たない言語を母語とする学習者には、助詞の習得が難しいことはいうまでもありません。ちょうど日本人が英語の前置詞が難しいと感じるのと同じなのでしょう。助詞のことを「後置詞」と呼ぶ教科書もあります。

後置詞と考えれば、少し負担が軽減されるかもしれませんね。

しかし助詞は、ことばの関係性を示すために重要な働きをしています。「私（　）あなた（　）好き」も、どんな助詞を入れるかによって意味が異なってきます。

このバスのアナウンスは、「カードを」ですから、「意識的にしっかり」タッチすることで、カードリーダーは反応してくれるのかもしれませんが、「カードにタッチする」なら、うまく反応してくれないかもしれません。

先日、研究室のドアをノックする音がしました。握り拳ではなく、何かでドアに触ったような感じでしたので、振り向いたら、案の定、傘の柄でドアにノックしていたのです。「はーい」と返事をしたら、(意識的に)ドアを開けて入ってきましたが、ドアの近くのテーブルに(無意識に)ぶつかりそうになっていました。

かけこみ人　このように考えると、助詞って面白いですね。言葉の関係性だけではなく、使うときの意識も働いているのですね。

説法75　～しなければならない

かけこみ人　「～しなければならない」という表現は、「～ない」がつくけれども、否定の意味はありませんよね。学習者が戸惑うことはありませんか。

住職　お考えの通りです。

「～しなければならない」は初級の学習項目の一つですが、「～ない」が付くだけに否定の意味だと勘違いされることが多いです。しかも「書かない」⇒「書かなければならない」、「食べない」⇒「食べなければならない」、「しない」⇒「しなければならない」のように、否定形から作るものですからね。それに形も長いですから、なかなか口が回らないのです。

昔、娘が小さいころ、スーパーの遊技場で、「(事故などがあっても)責任を負いかねません」と書かれていました。しかも看板文字の上に「ません」がマジック書きで紙が貼ってあるのです。これでは、(事故があっても)店が責任を負うこともある」と、反対の意味になってしまいますよね。早速店側に指摘しました。その時は、店員さん数人が集まって、なんやかんやと話していたにとどまったのですが、数日たってそこへ行ってみると、上に貼られていた紙は取り除かれ、「責任を負いかねます」となっていました。

「責任は負いかねる」や「あの人ならやりかねない」は、上級の学習項目でしょうが、ただ意味を与えるだけではなく、状況や場面に即して使えるようにしてやることが大切です。

山田さんは遅刻ばかりしている。⇒試験の日でも(　　　　　　)。このように、状況から次に続く言葉を考えさせるのもいいでしょう。

適切な例文が与えられないと、学習者から苦情をうけかねませんね。

かけこみ人　日本人でも、意味が肯定か否定かといわれると、即答は難しくなります。普段から頭を働かせておくことが大切なんですね。

説法76　つまらないの話

かけこみ人　「つまらない」の否定形は何かと聞かれて、答えられませんでした。「つまらなくない」でいいのでしょうか。

住職　形容詞を教える時には、必ず対を作って提示します。「大きい」は「小さい」があるから「大きい」があるのですよね。また「面白い」は「つまらない」があるから、「面白い」があるのですよね。同じ絵柄や色柄のもので、「大きい」ものと「小さい」もの、「新しい」ものと「古い」ものを絵や実物で示し、概念を理解させることから始めます。

では否定形にすると、大きい⇓大きくない、小さい⇓小さくない、面白い⇓面白くない、と容易にできますが、「つまらない」はと聞かれると、返答に戸惑ってしまいます。すでに「ない」が付いているからですね。

このように「ない」のつく形容詞がいくつかあります。しかたがない、しょうもない、くだらない、みっともない、やるせない、だらしない、せつない、とんでもない、かたじけない…

『逆引き広辞苑』で「ない」を引くと、いっぱい出てきます。

これらは「ある(つまる)／ない(つまらない)」の関係で示せるものではありませんよね。また形は否定形でも、否定の意味を持つものではありませんが、マイナスイメージを伴うことが多いですね。

「つまらない」の否定は、といわれると、「つまらなくない」になってしまいますが、なんだか面白いのか、面白くないのか、分からなくなってしまいますね。
つまらない話ですみません。

かけこみ人　「ない」の付く形容詞って、たくさんあるのですねえ。感動しました。「～なくない」って、どっちがどっちか分からなくなるので、あまり使わないほうがよさそうですね。

説法77　なごみ文化

かけこみ人　先生の以前のお説法で、日本語教育に方言は禁物だとお聞きしましたが、故郷の言葉を聞くと、ほっこり心がなごむことがあります。方言もいいものですよね。

住職　はい、方言を否定しているわけではありません。
日本人学生数十人に次のようなことを聞いたことがあります。
次のA・Bのうち、どちらに日本語の美しさを感じるかというアンケートです。
(京都の土産物屋で)
A　あっ、雨が降ってきましたね。お客さん、傘お持ちですか。
B　あっ、雨降ってきやはった。お客さん、傘持ってはりますか。
アンケート結果は、およそ70パーセントの日本人がBに美しさを感じるとのことでした。方言といっても、殊に京都の言葉には心の安らぎを感じるのかもしれませんね。

故郷を離れて暮らしている人でも、故郷へ帰って、方言を聞いたり話したりすると、心のなごむことがあるでしょう。

同じことが日本語学習者にも起こってきます。日本で日本語を学んでいても、母語を使う環境に浸れると、心が安らいだり、故郷を同じくする人と母語で話ができると、リラックスできると聞きます。

日本語学習者は、ストレスを感じながら、異文化の中で生活していることになりますので、文化摩擦やカルチャーショックの観点から注意を払う必要があります。

「郷に入っては郷に従え」ではなく、お互いが理解し、譲り合う精神が大切です。お互いに学び合えば、きっと素晴らしい発見があるでしょうし、日本に居ながらにして異文化への誘いがあるかもしれません。視野を広げるためにも、日本語教育が一役を担うことでしょう。

かけこみ人　日本語学習者と接していると、毎回新たな発見があり、人間的に大きく成長していけるような気がします。でも誰でも「息抜き」が必要なのですね。

説法78　なので

かけこみ人　最近、「なので…」を接続詞として使う人が増えているように感じますが、正しい使い方なのでしょうか。

住職　風邪をひきました。なので授業を休みます。今日はとても寒いです。なのでたくさん着込んで来ました。こんな「なので」は是か非か？

少なくとも私の辞書には「なので」という見出しは載っていません。パソコンで「なので」と文章を書き出しても、「Ｗｏｒｄ」が警告を発してきます。

日本語教育で、できれば避けて通りたい指導項目の一つに「から／ので」があります。両者には、厳密には使い分けの相違がありますが、それはさておき、動詞や「い」形容詞には、「行くから／行くので」「おいしいから／おいしいので」のようにそのまま後接するのに対して、名詞や「な」形容詞には、「学生だから／学生なので」や「静かだから／静かなので」などのように、「だ」や「な」を介して後接する、とシステマティックに教えます。

また「から」には「だから」という立派な接続詞が存在し、「明日は日曜日です。だから少し朝寝坊ができます」などといえるし、「だからいったじゃないの」「だから…」などと、文章の頭に現れたり、発話の順番取り(Ｔｕｒｎ ｔａｋｉｎｇ)機能を有したりするものとも考えられますが、これと同じ機能を「なので」が有するか、というのが今回の主眼です。

皆さんはいかがお考えでしょうか。あまりにも自然に見聞きする「なので」にいくばくかの苛立ちを覚える私ではありますが、両者に区別がなくなると、日本語教育の指導も少しは楽になるかもしれません。「先生、雨が降りました。なので授業を休みました」なんていってきたらどうしましょう⁉

かけこみ人　やたらと耳にすることが多いのですが、やはりおかしいですよね。「だから」とか「それで」とか、立派な接続詞があるのに。

説法79　ネコに小判

かけこみ人　日本ではよく玄関先に「招き猫」が置いてありますが、あれって、外国の人にも理解できるのでしょうか。

住職　「どんなペットが好きか」と聞かれると、日本人の多くは「イヌ」と答えるでしょう。そして2番目が「ネコ」。ある韓国の著名な日本語の先生が韓国で質問したところ、1番がイヌ、ネコはなんと11番目だったそうです。ネコは、日本では昔から愛くるしい動物としてかわいがられ、ネコにまつわる表現はたくさんありますね。「ネコ舌」「ネコなで声」「ネコに小判」「ネコの手も借りたい」「ネコの目」等々、これらは言語表現を豊かにします。また日本では「招きネコ」に代表されるように、「招福」の象徴としてネコが登場します。しかし韓国では、ネコは怨念を持った動物としてとらえられ、あまり好まれていないようです。

ネコに好感情を抱かぬ韓国の日本語学習者に、このようなネコ表現を理解させるのは難しいのではないか、と先の韓国の先生は推論しています。

外国人に日本語を教えるとき、分かりにくい表現として、いわゆる「日本語らしい表現」があります。「雨に降られる」(自動詞受身)「おばあさんに道を教えてもらった」(授受表現)「10月に結婚することになりました」(「なる」表現)「ネコに魚を食べられた」(1人称主語の受身)などを他の言語にそのまま翻訳しようと思ってもうまくいかないのです。

日本語を教えるには、ただ文法を教えるだけでは、真の言語理解は得られないかと思います。その言語の裏に潜む言語文化や話し手の心情まで理解できれば、ますます豊かな表現力を身につけることになるでしょう。

雪を見たことがない人たちに「雪のように白い」、桜を知らない海外の学習者に「頬を桜色に染める」という表現を教えようとしたら、学習者の反応は「ネコに小判」。はたしてこの表現は?と首を傾げてしまいました。

かけこみ人　言葉を覚えるには、ただ文法だけでなく、文化や話し手の心も理解しなければならないのですね。

説法80　ひとつ、ふたつ

かけこみ人　日本語には「ひとつ、ふたつ…」という数え方がありますが、それがだんだん薄れていっている気がします。先生はどうお感じですか。

住職　私もそう感じます。

先日デパートで、若い店員さんに売り場を尋ねたところ、「イッコ下のフロアです」といわれました。どうもしっくり来なかったので、階をふたつ下り、今度はやや年配の店員さんに尋ねたら、「ひとつ上の階です」と返ってきました。

近ごろ、ひと昔ふた昔前に比べて、大和言葉の美しさが薄れているような気がします。「あの人は私よりイッコ上だ／下だ」などというのですね。「ひと揃い」が「ワンセット」、「三つ揃い」が「スリーピース」となってしまっては、美しさどころではありませんよね。一重、二重（ひとえ、ふたえ）と読まれてこそ美しいと感じるのですが。

家賃は、（ひと月／1か月）5万円です。

皆さんなら、どちらを選ぶでしょうか。

日本語試験の問題に、「半月前に日本へ来ました」というのがありましたが、「はんつき」と読めば期間、「はんげつ」と読めば、「満月、半月、三日月」などの月の形状を表すことになりますね。

この手の漢字読み替えは、日本語学習者にはかなり難しいようです。

反対にホテルのフロントでは、「おひとり様、おふたり様」、「ひとはく、ふたはく」と確認されます。そのほうが聞き間違いが少ないからなのでしょう。「ごいちめい様ごいっぱく」といわれるよりも「おもてなし」を感じるのは私だけでしょうか。

かけこみ寺を訪ねてきた留学生が、「昨日（きのう）は、私の誕生日（たんじょうにち）で、私も三十路（みそじ）

になりました。」といってきました。(つまらないものではあるが)飴を「ひとつ」プレゼントしました。
かけこみ人　日本語のものの数え方って難しいんですね。だんだん日本古来の数え方が忘れられていっている気がします。

説法81　ぼくはうなぎだ

かけこみ人　レストランなどで注文するとき、「ぼくはカレーライスだ」とかいいますよね。あれって、学習者に理解させるのはむずかしいのですか。
住職　「何にする?」「ぼくはうなぎだ」こんな会話の交わされるのは決してめずらしくありませんね。これはいわゆる「うなぎ文」といわれるもので、「ぼく=うなぎ」を表すものではありません。
日本語の格助詞「は」は必ずしも「主語」を表しません。「主題／テーマ／命題」を表すといわれています。だから「私は田中です」「ここは京都です」のように「私=田中」「ここ=京都」という図式の成立する場合もあれば、「ニューヨークは今11時だ」「明日は仕事だ」のように、「○○について話せば〜〜」の関係の場合もあります。
ところで、日本語の述語文には「動詞述語文」(明日大学へ行く)、「形容詞述語文」(今日は寒い)、「名詞述語文」(明日から出張だ)があります。

近頃の日本語を観察してみると「動詞述語文」が「名詞述語文」に取って代わられているような気がします。「間もなく3番乗り場に新快速西明石行きの到着です」、「あの映画を見てとても感激です」、「こんなのいただいて感謝です」、「どうもどうもサンキューです」。

動詞述語文を用いるには待遇表現(丁寧語、尊敬語/謙譲語)を気にしなければならないですが、名詞述語文を用いるにはそうした煩雑さがありませんね。元来動詞述語文には「物語的」性質、形容詞述語文には「性状規定的」性質、名詞述語文には「判断措定的」性質があります。さらに動詞述語文には「客観的」描写、名詞述語文には「主観的」描写機能があります。名詞述語文が増えている現状は、「物語る」(ナレーション)能力に欠けた、主観的にしか物事を描写できない日本語話者を作り出しはしないか、嘆いてしまう/嘆かわしい/嘆きです。

かけこみ人　「ぼくはうなぎだ」というと、なんだかそれに「決まり切っている」という、なんだか威張っているような気がします。

説法82　似て正なる敬語

かけこみ人　日本語には敬語がありますが、正しい敬語を聞いていると、気持ちがよくなります。しかし敬語の間違いってすごく多いのでしょうね。

住職　みなさんは敬語の使い方に自信はあるでしょうか。私とて決して自信のあるわけではありませんが、日本語教師という職業柄、言葉遣いの間違いにはやたらと敏感になります。街を歩いていても、テレビやラジオを見たり聴いたりしていても、敬語の間違いはやたらと多いことに気づきます。公共性を帯びたアナウンスや放送でも間違いが目立ちます。その中でも私の気になるのは次のようなものです。

「まだご利用されていないお客様は是非この機会に…」(地下街の店内放送)

「ご乗車されましたら車内中ほどまでお進みください」(駅のアナウンス)

「ただ今お申し込みされますと…」(ラジオ広告)

日本語教育では次のように指導します。

「漢語＋する」の場合は、「ご漢語＋になる」

「〜ます形」の場合は、「ます」を取って、「お〜になる」

すると上記は、「ご利用になっていない」「ご乗車になりましたら」「お申し込みになりますと」が正しいことになります。さらに「利用されていない」「乗車されましたら」「申し込まれますと」という形も正しいのですが、前者の方が待遇度(丁寧度)が高くなります。

このような間違った敬語でも、耳になじむとそれが正しく思えてきて、蔓延化していくのは不思議ですね。敬語の使い方は、日本語学習者がむしろじょうずなのです。システムとして日本語を学習し、活用規則を体系化して頭にインプットしているからなのです。

敬語がきちんと使えるようになりたいと希望する学生はたくさんいます。敬語はただ知識や口先だけの技術ではなく、礼儀・マナーや立ち居振る舞い、ひいては人間性の獲得とも関連が深いです。優れた人間性を身につけ、快い敬語使用を心がけたいものですね。

かけこみ人　なんだか口先だけで敬語を使っている人がたくさんいるような気がします。心から敬語を使うと、人間性が豊かになるような感じがします。

説法83　一応学生です

かけこみ人　「一応〇〇です」といわれると、なんだか身分のはっきりしないだらしない表現のように思うのですが、日本語らしい表現なのでしょうか。

住職　いつぞやテレビで「若者ことば」の特集をやっていました。その番組を食い入るように眺め、うなずいては笑う我が娘の姿を見て、「さすが我が娘」と自己満足しました。

こういう私は日本語教師。とかく巷で見聞きする日本語には敏感になっています。このかけこみ寺では、日本語教師が感じる「おかしな日本語」に焦点を当ててお話していますが、先のテレビ番組では、若者言葉の特徴として「断定しない」ことを挙げていました。「一応学生です」「なんか〜」「〜みたい」など、とかく歯切れが悪いのですね。「消防署の方から来ました」「お皿の方、熱くなっております」なども断定を避けたいい方でしょう。

もっとも日本語は断定を避ける言語であるといえます。「あと10円足りないようですが」「ここが間違っているようです」のように、相手を直接傷つけるのを避け、相手への配慮を怠らないのが日本語なのです。しかし若者言葉で断定を避けるのは、相手への「気配り表現」というよりは自分自身への「甘え表現」であるように思えてなりません。

日本語学習者にこの「一応学生です」という表現を教えるにはどうすればいいでしょうか。「学生だけれど一流大学ではありません」と教えるか、「本当はもっと勉強しなければならないのですが、あまり勉強していません」が適当か、この表現の意味すら断定しづらいですね。「お皿の方…」というのは、いったい何が熱いのか、考えているうちにやけどを負ってしまいそうになります。

私の若者言葉の仕入元は、何を隠そう我が娘であることに他なりません。白か黒か態度を明確にせず、優柔不断な我が娘は、若者言葉のハードユーザーです。言葉遣いは体を表します。言葉に関心のある方々には、自分自身の言葉遣いを見直すきっかけとして「かけこみ寺」にお参りいただきたいです。

ということで、今日はこのあたりで終わった方がいいみたいです。一応ここで終わります。

かけこみ人　日本語には、なんだか煮え切らない言葉が多いですね。これを外国語に翻訳するのも難しいでしょうね。

説法84　一日一膳

かけこみ人　先日コンビニでお弁当を買ったら、「お箸いっぽんでよろしいですか」と聞かれましたが、正しいい方なのでしょうか。「お箸いちぜん」が正しいと思っていたのですが。

住職　スーパーやコンビニでお弁当を買うと、「お箸は一本でよろしいですか」と聞かれます。そんなとき、「はい、一膳お願いします」と答えることにしています。すると店員さんは「は、は、はい」などと慌ててしまいます。日本語教師という職業柄でしょうか、間違った(?)日本語には敏感になります。

この種の新(?)日本語は、コンビニやファミレスなど、若者文化圏を中心に集団発生しています。そして「マニュアル語」という言葉を生み、定型表現を若者世界に浸透させていきます。最後には古来の正しい(?)日本語を凌駕し、新旧の交代の行われるのが常となります。「お箸一膳」などと使う私は、古臭い頑固爺とでも思われるのが落ちでしょう。

コンビニでアルバイトをしている女子学生に授業中こんな話をしていたら、いたく納得し、そのコンビニで「一日一膳運動」が展開されることになったそうです。お箸は一本ではなく一膳で数え、「お弁当温められますか」は「お弁当温めましょうか」に、「1、000円からお預かりします」は「から」を取って「1、000円、お預かりします」に、店長以下店員全員が改めていったところ、常連のお客さんも、自身の日本語の誤りに気づいてか、「お箸二膳ください」などと使い始めたそうです。

マニュアル語が一人歩きしてしまい、古来の日本語が失われていく昨今ですが、今一度自身の日本語や巷の日本語を見直す機会を提供すべくこのかけこみ寺をご利用いただきたいです。

私は「弁当族」で、よくコンビニやスーパーを利用しますが、そういえば、最近大学近くのスーパーでも「お箸一膳」といっているようです。お箸は一膳であっても、ご飯は一日一膳ではなく、一日三膳食べたいものです。

かけこみ人　今度コンビニへ行ったら、店員さんの言葉に注意してみますが、圧倒的に「いっぽん」が多いように思います。

説法85　雨に降られた

かけこみ人　日本語には、「雨に降られる」というような表現方法がありますが、このような表現があるのは日本語だけなのでしょうか。

住職　「雨に降られた」や「子どもに泣かれた」などの自動詞の受け身、いわゆる「迷惑の受け身」のあることが、日本語の特徴のひとつとして挙げられます。

これらを英語や中国語に翻訳しようと思うと、かなり無理があります。〝I was rained〟「我被雨下了」などとおかしな文になってしまいます。ここに含まれる「迷惑／被害」の意は、〝I was caught in rain〟では、うまく伝わらないでしょう。あえて、〝I was caught in rain and troubled by it〟としても、ただ事実を客観的に描写しているだけで、「降られた」に含まれる話者の心情は、うまくいい表すことができません。しかもただ「迷惑」な気持ちを表すだけでなく、誰の責任でもない、「諦めの境地」がそこには潜んでいるのです。

日本語学習者には、このような表現が難しいばかりか、積極的に使用しない傾向があります。「雨が降ってきて困った」でも十分意は通じますが、日本語として熟し切っていない感じがします。

先日授業中、鼻をムズムズさせている留学生がいたので、「風邪？」と聞くと、「はい、昨日帰るとき急に雨が降ってきて、傘を持っていなくて、…」といったのです。「あっ、そう、雨に降られたんですか」というと、分かったような分からぬような顔をするので、「雨に降られて困りましたね」と表現を加えると、ようやく「ヘコンデマス」と来ました。「ヘコむ」なんて言葉を覚えるくらいなら「自動詞受け身を覚えろ！」といいたかったのですが、「先生に叱られた」と「恨まれる」のも「迷惑」なので、サラリと流しておきました。

「迷惑の受け身」に限らず、日本人の口からも、日本語らしい表現を聞く機会がだんだん少なくなってきているようです。そのうち、「先生にこんな表現使われた／聞かされた」と「いわれる」ようになるのかもしれませんね。

かけこみ人　自動詞の受け身って、それだけで話し手の感情が表せるのですね。便利な表現だと思いました。日本語らしい表現として適切に使うと効果がありそうですね。

説法86　携帯電話での通話はご遠慮ください

かけこみ人　電車に乗ると、「携帯電話での通話はご遠慮ください」と、車掌さんがしきりにアナウンスしていますが、だれもやめようとしません。なぜでしょう。

住職　電車やバスに乗ると、次のようなアナウンスが聞こえてきます。

「携帯電話のご使用についてお願いいたします。優先座席及び優先座席付近での電源はお切りください。そのほかの場所ではマナーモードに設定のうえ、通話はご遠慮ください」

このアナウンスからは、「電源を切る」と「通話を遠慮する」には許容度に違いがあるように思えます。「電源を切れ」といわれても「切らない」だろうし、自分から電話をかけることはないにしても、電話がかかってくれば受話器を取る(通話ボタンを押す)のが現状であるようです。するとこのアナウンスにはまったく意味がないのでしょうか。それとも車内マナーが悪いのでしょうか。電源が切れないほど忙しい、あるいは緊急を要する用事でもあるのでしょうか。

ある電車では、「車内での携帯電話またおタバコはご遠慮ください」とアナウンスしています。車内でタバコを吸う人はさすがに一人もいませんが、携帯電話の電源を切る人は少ないですよね。本当に電源を切ってほしいのなら、「車内で携帯電話はご使用いただけません」くらいの日本語で強くアピールしたほうがいいでしょう。「遠慮する」とは「まったく不可」なのか「控えめにするのか」、乗客は日本語のファジーさに甘えながら自分に都合のよい解釈をしているのが正直なところでしょう。

「遠慮」とは「人に対して言語・行動を控えめにすること」(『広辞苑』)です。すると先の解釈は正しくなりますが、なんと日本語らしい、他者への配慮表現であることか。「駐車するな」「返品禁止」とは直接的でいいにくいですよね。そんなとき、「駐車／返品はご遠慮ください」と曖昧な部分を残しながらやんわり断る、いわば日本語の「ポライトネス」とは考えられないでしょうか。

かけこみ人　日本語のやさしさを自分勝手に自分の都合のいいように解釈しているのですね。「こんな解釈はご遠慮ください」といいたくなってしまいます。

説法87　間もなくすると電車が揺れます

かけこみ人　最近は、電車が遅れて困ることがありますが、その遅れる理由をはっきりアナウンスするのですね。「人身事故のため」とか「線路内に人が立ち入った」とか。あれ、お客さんはかえって安心するのでしょうか。

住職　ＪＲの車内で、「間もなくすると電車が揺れます」というアナウンスを聞いて、思わず吊革をギュッと握りしめました。

線路のポイント切り替えの都合などで、電車が左右に揺れるので注意してほしいことを知らせたかったのでしょうが、これではかえって心配になってしまいます。通常は「電車が左右に揺れます」などといっているように思いますが、人間の心理というのは、予告があれば安心できるようですね。予告もなく揺れると、車掌さんや駅員さんに詰め寄るという結果にならないとも限りません。大阪市内の地下鉄で、「大きく左右に揺れます」というのを聞いたことがありますが、誰も文句はいいませんよね。

それにしても、「左右に」があるのとないのとでは、揺れに対する構えが異なってきます。天気予報では、ただ「今日は暑くなります」といわれるよりも、「今日は35度以上の猛暑になるでしょう」といわれたほうが、覚悟ができるのではないでしょうか。「電車は遅れています」よりも「電車は30分遅れています」のほうが落ち着くのはなぜでしょうか。

先日、授業を欠席した学生が「熱が出て…」といってきたので、「どのくらいの熱ですか」と聞いたら、「起きられないくらいです」というので、それよりも「39度の熱が出ました」などといったほうが、熱の具合がよく分かるのではないかと学生にいっておきました。

日本人の会話パターンに、「どこへ行きますか」「ちょっとそこまで」「そうですか、お気をつけて」といった「はっきりいわない美学」が存在しますが、はっきり具体的にいったほうがいい美学もあるでしょうね。

かけこみ人　人間の心理は、ごまかされるよりは、はっきり理由を述べられたほうが、その理由がどうであれ、納得できることがあるようですね。

説法88　財布を盗まれた

かけこみ人　中学の英語の時間に、「財布を盗まれた」の英訳は、〝I had a wallet stolen〟だと教わりました。なぜ英語では受け身を使わないのですか。

住職　あるときオーストラリアからの留学生が、遅刻してきた理由を「誰かが私の自転車を盗みました」といってきました。

文法的には何らおかしくないですし、意は十分通じますが、日本語としては、どうも座りが悪いですよね。なぜでしょう。このように間違ってはいないけれど、日本語母語話者はそうはいわない、というような使い方を「非用」といいます。

これは英語では〝I had a bicycle stolen〟となるところです。日本語的に〝I was my bicycle stolen〟とはなりません。

日本語では、主語になりやすいものの順番があって、1番は「私」、次は「あなた」、3番目が3人称の「彼、彼女、田中さんなど」です。そして静物がもっとも主語になりにくいのです。もし上の文を英語母語話者に表現させると、〝Someone stole my bicycle〟となるところでしょう。

つまり日本語では、「だれか」より「私」のほうが主語になりやすいので、「私」を主語にした受け身文になるのです。「田中さんが私に本をくれた」より、「私は田中さんに本をもらった」のほうが好まれるのもそのためです。「旅行が私を疲れさせた」とはいわず、「旅行のために私は疲れた」のほうが落ち着きますよね。

ある物語の動画を見せて、その状況を説明させると、日本語学習者は、上のごとく受け身を用いず、小学生はけっこう受け身を用いて表現したという研究報告があります。つまり日本語母語話者は小学生でも、主人公に自己を投影し、主人公(私)の立場から物事を表現するということが分かります。

日本語学習者には、ただ表現だけを教えるのではなく、話者の心情にまで指導が及べば、学習者の日本語能力もさらに向上するでしょうね。

かけこみ人　日本語の受け身って、確かに話し手の心情が含まれていますね。「盗まれた、こまっている」という意味があるのでしょうが、英語の場合、ただ客観的に事実を描写しているだけのようですね。

説法89　細雪、小雪

かけこみ人　日本語には、「細雪」とか「小雪」とか、雪にもいろんな種類がありますが、こんなにたくさん雪があるのは、日本語だけなのでしょうか。

住職　先日電車の中で女子高校生数人が楽しそうに話していました。どうやらケーキの話をしているようですが、ケーキといえば「いちご」か「モンブラン」か「チョコレート」程度の知識しかない、「おじさま」の私には、まるで外国語(本来外国語)を聞いているようでした。

ところでよく雪の降る日本では、雪を生活の中に取り入れ、雪と戦いながらも、雪景色の美しさを愛でることが多いです。そのため日本語には雪に関する語彙が他の言語に比べて豊富にあります。細雪、小雪、霙(みぞれ)、ボタン雪、粉雪、そして雪化粧、銀世界…。こうした言葉を聞いただけでも雪模様がまぶたに浮かんできます。雪は日本文化の象徴といっても過言ではないでしょう。

あるとき南国出身の留学生が「小雪」の舞っているのを見て、「雪、雪…」とはしゃいでいたのが思い出されます。雪を知らない人にとっては、すべて「雪」としか表現のしようがなく、どんな降り方をしているかは意識にないのです。

ところが日本語でせいぜい「(ひとこぶ、ふたこぶ)ラクダ」としか表現しようのないラクダがエジプトでは何種類もの語彙が存在するといいます。その文化にとって大切なものは語彙が豊富になります。

ケーキに縁のない人にとっては、しょせんケーキであっても、ケーキが生活の一部となっている人にとっては、幸か不幸か何種類も区別しなければならないのです。

外国人に日本語を教える際、ただ「雪」を学習者の言語に置き換える(例えば「ｓｎｏｗ」)だけでは不十分で、雪が日本人の生活とどう関わっているかを知り、実際に雪の降るのを眺めながら雪とともに生活してみなければ、「細雪、小雪…」の「雪」を理解するのは難しいでしょうね。

かけこみ人　雪は、たしかに日本人の生活の一部になり、古くから歌に詠まれていますが、雪を見たことのない人には、その歌の理解すら難しいのでしょうね。

説法90　司会を見つけました

かけこみ人　自動詞／他動詞の対立で、「鍵が壊れる」と「鍵を壊す」では、責任の所在が異なると、以前聞いたことがあります。他にもこのような例がありますか。

住職　自動詞／他動詞の対立は、そのような二項対立を持たない、例えば中国語母語話者には、なかなか習得の難しい項目になっています。

本学では毎年末に、留学生会が予餞会をすることになっているのですが、企画担当の3年生中国人留学生が、「司会者がいない」と困っていました。数日後その学生に会ったので、「どう、見つかった？」と聞くと、「はい、見つけました」という返事です。苦笑いしてしまいました。

なぜおかしいのかというと、「見つける」というのは他動詞で、話し手の意志が働いていますから、「探していたものをやっと探し当てた」場合に使うものだからです。「欲しかったバッグをやっと高島屋で見つけた」とか「逃走していた犯人を見つけた」という状況で使うのです。

もちろん司会者も「ずっと探していた」のですが、ある特定の個人を探していたのではなく、「だれでもいい」(というわけではありませんが)中から現れ出たわけですから、「見つかった」の方がふさわしいということになります。

「紛失した財布を見つけた」と「…が見つかった」では、前者が自分の努力によって「見つけた」のに対して、後者は「掃除をしていたら偶然見つかった」とか「だれかが見つけてくれた」という意味になりますよね。

「司会者を見つけました」といった学生に、「なんだか犯人みたいね」といったら、「つかまりました」。せめて「つかまえました」といってほしかったところですが、この司会談義は視界不良で終わりそうです。

かけこみ人　なるほど、自動詞を使うか他動詞を使うかでは、話し手がどこまで関与しているかが入ってくるのですね。日本語って面白いです。

説法91　私たち結婚します

かけこみ人　関西の駅のアナウンスで、「ドアを閉めます」といっているようですが、おかしくないですか。車掌さんが閉めるのではないですか？

住職　今から数年前、関西のＪＲの駅のアナウンスが、「ドアが閉まります」から「ドアを閉めます」に変わったのです。なんだかドギモを抜かれた思いがしました。ドアを閉めるのは駅員さんではなく、車掌さんの責任ですよね。

日本語では、「何かがそうさせた」という他動詞文よりは、「自然の成り行きとしてそうなった」という自動詞文が好まれます。

「あっ、何か落ちましたよ」や「お金がなくなった」などは責任の所在を明らかにしない「日本語らしい」表現であるといわれます。この意味では、「お鍋の方、熱くなっています」（「…の方」は別として）という表現も至極納得できます。やけどをしても責任は負いませんという意味になるでしょう。

鍵を壊したアパート住民が「鍵を壊しました」と大家さんに申し述べれば修理代を弁償しなければなりませんが、「鍵が壊れました」と持ちかければ大家さんの責任において修理してくれることになります。

先日大学の教え子から結婚式の案内状が届きました。そこには「私たち結婚します」と書かれていました。かつては「結婚することになりました」が定型表現で、日本語らしい表現としてよく授業で取り上げたものですが、結婚に要する準備も簡素になり、親の関与も少なくなった今では、「二人の責任と意志において結婚する」のが通例になったのかもしれませんね。

では、次のような場合、自動詞文と他動詞文、どちらがふさわしいでしょうか。

「この度、××大臣を辞めることになりました」

「この度、××大臣を辞めることにしました」

かけこみ人 自動詞文を使うか、他動詞文を使うか、ただ自分の気持ちだけではなく、相手に与える印象も随分と違ってきますね。

説法92 自分的には…

かけこみ人 「私的」とか「自分的」とかいう言葉が増えているように感じます。「的」の使い方が拡大しているのでしょうか。

住職 ある年の夏の甲子園を沸かせた高校野球の優勝投手インタビューで、「自分的には…」というのが気になりました。

気になったのは私だけではなく、天下のNHKもその表現に「非」を唱えたのです。談話音声とともに流れた字幕スーパーでは、「自分としては…」と訂正されていたのです。

流行語や若者言葉を認めるか否かには、「Yes」と「No」の二つの方向があります。NHKでは後者「N

ｏ」の意見が強かったといえます。もしニュースキャスターが若者言葉を使おうものなら、投書や苦情の洪水となるであろうことは想像に難くないでしょう。とりわけ「ら」抜き言葉や縮約形、アクセントにはうるさい人がいるようです。殊に中年以上の方に、言葉の使い方に敏感な人が多いと聞きます。

日本語教育を学ぶ学生が日本語の使用に迷うと、ＮＨＫのニュースを聴いて参考にするよう、アドバイスすることにしています。標準日本語としてＮＨＫが存在し、われわれはその授業料として受信料を支払っているようなものです。

日本語教育でも標準の日本語が求められ、その意味ではＮＨＫが参考になります。標準の日本語を身につけておけば、場所を問わず年齢を問わず、だれと接しても礼を失したり恥ずかしい思いをしたりすることがありませんよね。

一方スポーツ新聞では、談話は、表現を歪めることなくありのままに掲載されます。若者言葉や流行語はそれを使う人間そのものを映し出します。言葉を返せば、「美しい言葉」の使用を心がければ、身も心もひいては人間性も美しく映らないでしょうか。日本語を学ぶ目的のひとつは、言葉を通じて人間性を磨くことにあるべきだと考えます。

こんな嘆きをしなければならないのも、「自分的には」年をとった証拠かな。

かけこみ人　確かに「〜的」って、おかしいですよね。私もなにか分からないことがあったら、ＮＨＫを聴くことにします。

説法93　弱冷車は1号車と2号車です

かけこみ人　日本語の「〜は」は、主語ではなく、主題であると聞きましたが、「ぼくはうなぎだ」の文は、確かに主語ではなく、主題と解釈したほうがいいですよね。

住職　先日、夏の真っ盛りにJR電車に乗ると、「弱冷車は1号車と2号車、そして9号車です」というアナウンスが聞こえてきました。これを聞いてオヤと思ったのですが、同じようなアナウンスに、「トイレは1号車うしろ寄りです」というのがあります。こちらは何ら違和感がありません。

日本語の「〜は」は、確かに主語ではなく、主題(テーマ、話題)を表します。つまりトイレの場合、トイレを探している人が、「トイレはどこだ?」「トイレは1号車だ」という論理が成り立つのに対して、弱冷車を探して車内を移動する人はおらず、たまたま乗り合わせた車両が弱冷車だったというわけでしょうから、弱冷車を話題にするのは理にそぐわないことになります。

「1号車と2号車は弱冷車です」なら、なんらおかしくないのに対して、「1号車うしろ寄りはトイレです」というのは、「2号車は…3号車は…」と続かない限り、おかしくなってきます。

最初の「弱冷車」の話に戻って、1号車2号車に乗り合わせた乗客に対して、「ここは弱冷車ですよ」と知らせるのは情報伝達上自然な流れでしょうし、トイレを探している人に「トイレは〜ですよ」と知らせるのも、まったく理にかなっているでしょう。

私が感じた不自然さは、どうやら文法的というよりは、情報伝達の点に問題があったようですね。

かけこみ人 なるほど。何気なく聞いているアナウンスにも不自然さがあるのですね。何が知りたいのかを考えてみると、効果的な情報伝達が行われそうですね。

説法94 正直疲れました

かけこみ人 最近若い人の話す言葉を聞いていると、「まじ」とか「ガチで」とか、副詞が多いように感じますが、先生はどうお思いですか。

住職 「正直疲れました」「実際どうなんですか」なんて言葉をよく耳にしますが、「実際のところ」首を傾げてしまいます。

「正直」や「実際」は、「正直な人」のような「な形容詞」か、「正直がなにより」のような名詞、「実際問題」のようにしか使えないはずなのに、いつから副詞に転じたのでしょうか。「正直にいって…」「正直なところ…」「実際には…」としかいえないのではないかと思います。英語で考えてみると、

〝Honestly speaking, I got tired〟が、〝Honest, I got tired〟になるとは考えにくいですね。その意味では、日本語は乱れているといわざるをえません。

先日卒業論文の口頭試問に研究室に現れた日本人学生に、卒論を書き終えた感想を聞いたところ、やはり「正直疲れました」。次に現れた外国人学生に同じように質問すると、「正直に言って、しんどかったです」と返って

きました。日本語学習者のほうが日本語文法に忠実であることはいつもお話ししていますが、「実際にも」そのとおりです。

「まじでやばい」「ガチでむずい」など、新たな副詞も現れつつあります。「めっちゃ」こそ、今では市民権を獲得しつつあるようですが、「大幅に」「非常に」「かなり」などの程度副詞がその座を奪われるようになると、副詞本来の「ものごとのありよう」を表したり、「頻度・程度」を表したりする意味機能が失われ、擬音語・擬態語化する恐れがあります。

「朝ガーと起きて、ザーと自転車乗って、バーと授業に来ました」なんて日本語は、感覚的に話しているだけで、まったく意味をなさないですよね。そうこうしているうちに、「先生の日本語、正直、ガチで古いです。もっとパーと話してください」なんていわれて、「実際まじで」戸惑うこともあるかもしれませんね。

かけこみ人　本来の副詞が使われなくなって、擬音語・擬態語で程度や頻度を表すようになると、臨場感はあるかもしれませんが、その場にいない人には何が何だかまったく分からなくなってしまいますね。

説法95　助数詞

かけこみ人　日本語には、「いっぽん、にほん…」や「いちまい、にまい…」など数を数える言葉がたくさんありますが、学習者にはかなり難しいのでしょうね。

住職　ペン1本、CD1枚、コーヒー1杯など、数の単位を表す「助数詞」が日本語には豊富にあります。この助数詞を日本語学習者に教えるには、「長いもの」「薄っぺらいもの」「カップに入っているもの」のように、グループ化し、グループに入るいくつかの対象を提示して学習者の理解を得るのです。

ここで難しいのは、同じコーヒーでも、自販機で買う缶コーヒーは1本、2本と数え、それをカップに移して飲めば1杯、2杯となることです。そばなら、温かいものは、1杯、2杯で、ざるそばは1枚、2枚、スーパーで買うときは、1玉、2玉となります。

また注文の際には、1つ、2つ、あるいは1丁、2丁などとなります。ものの中身よりも形状が重要になるのですね。なんだか人の評価と同じ(?)で面白いですね。

以前あるセルフ形式のレストランで、私の前に並んでいた外国人が、「ごはん1枚ください」と注文していたのを思い出しました。同じ「ごはん」であっても、お椀に入っていれば「ごはん」で、お皿に乗っていれば「ライス」となるのも日本語学習上困難な項目の一つですが、ものの数え方は、「習うより慣れろ」といった感が強いようです。

ひと昔前までの八百屋や小売店で店員さんと会話を交わしながら買い物をしていた時代には、うどん1玉、豆腐1丁、たまご半ダースなど、現在よりももっと助数詞を使っていたようです。今では対象物の保存方法も変化し、1ケース、1パックなどと数えるのですね。スイカも1／4、1／8などと売られ、魚も1切れ、2切れなどといって買うのはなんとも寂しいですね。

かけこみ人　本当に外国の人には難しそうですね。私も正しく使えているか不安になってきました。

説法96　先生、おかばん持ってさしあげましょう

かけこみ人　日本語には、「あげる・もらう・くれる」といった動詞が他の言語より多いと聞きました。でも外国人には使いこなすのが難しいのでしょうね。日本人も正確に使っていないような気がします。

住職　「日本語らしさとは?」と聞かれると、その一つとして、「やりもらい」表現が挙げられるでしょう。「やる・もらう・くれる」など、いわゆる授受動詞が日本語には豊富にあります。尊敬・謙譲を含めると、「やる・あげる・さしあげる・もらう・いただく・くれる・くださる」と、7語体系になります。

英語では〝give〟と〝receive〟の2語、中国語では「給」(我給你＝私があなたにやる、你給我＝あなたが私にくれる)の1語しか持たないのです。さらに日本語では、これらの動詞が「〜てやる、〜てもらう」などの補助動詞として働いて、行為の授受を表すことがあります(おばあさんに席を譲ってあげた/先生に辞書を貸していただいた)。もはやこうなっては、日本語学習者にはお手上げでしょう。

日本語学習者の発話や作文には、「授受動詞」がうまく使えないための誤用も多く現れます(先生は私に日本語を教えた/私はおばあさんの荷物を持った)。つまり日本語は、行為の授受を客観的に描写するのではなく、相手との関わりの中でその行為に対する恩恵や感謝の気持ちを表すのです。

ただ文法的に正しくても、どこかしらおかしな文があります。それを「非用」と呼ぶのですが、「先生、おかばん持ってさしあげましょう」という文は、いかにも文法の優等生が作りそうです。ここでは、「先生、おかばんお持ちしましょう」が適当かと思いますが、先生のかばんを持つのは当然の行為と受け止め、先生はそのこと

に対して恩義を感じる必要もない、と捉えられるのですね。「先生に教室の電気を消していただいた」とはいえても、「学生に教室の電気を消してもらった」といえないのは、電気を消すのは、学生の役目だと考えられているからなのです。

このような日本語表現も、ややもすると、「先生のかばんを持ってやった」「先生が教室の電気を消した」などと表現される日が来るかもしれませんね。

かけこみ人　「やりもらい」の授受表現って、正しく使われると、気持ちがいいですが、間違って使われると、人間関係にひびが入りそうですね。

説法97　大和ことば

かけこみ人　日本語には、大和ことばというのがありますが、日本語学習者には習得が難しいのでしょうか。

住職　先日テレビを見ていたら、漢語表現を大和ことばによる表記に置き代えるとどうなるか、というのをやっていました。

「…ご協力いただき…」は大和ことばで、という質問に対し、番組参加タレントが「…お力添えいただき…」と返したのですが、解説者はそれを「否」とし、正確を「…お骨折りいただき…」としたのです。私は、「お力添え」が正しく、「お骨折り」の漢語表現なら、「…ご尽力いただき…」となるのではと感じました。

それはともかく、大和ことばは、日本人の心象を表しているようですが、それだけに日本語学習者にはきわめて習得が難しいと思います。

漢字2語なら、漢字系学生には、同じ漢語が母語にもあったり、意味を類推したりするのは容易でしょうが、諸々の感情を大和ことばで表せとなると、もはやお手あげでしょう。「麗しい」「香しい」などの意味は、文字さえ見ればおよそ理解できても、読み方は、日本語能力試験N1レベル以上でしょう。

「故郷」と「ふるさと」、どちらに哀愁を感じるかといわれると、日本人ならおそらく後者「ふるさと」に、家族や自然など、懐かしく思いを馳せることでしょう。

私たちは、服装やメイクで見た目を飾ることはあっても、言葉で心を飾ることは忘れてしまっているようです。メールやLINE等の普及で、簡単に片づけてしまいがちで、言葉を飾る余裕もないようです。「めっちゃ感動した」「チョー愛する」を「このうえなく感動した」「こよなく愛する」とするだけで、相手に伝わる力が生まれ、人物評価も高まるのではないでしょうか。

エレベーター前で出会った留学生が「先生、今日はすこぶる寒いですね」。途中から乗り合わせた日本人学生が「めっちゃ寒いっす」。どちらの学生に心を感じますか。

かけこみ人　大和ことばって本当に美しいですね。先生の今日のお話を聞いて、なんだか心もきれいになったような気がします。

説法98　他己紹介？

かけこみ人　「自己紹介」という言葉に対して、「他己紹介」という人がいますが、「他己紹介」というのは、正しいのですか。

住職　「自己紹介」に対して、他者を紹介することを「他己紹介」という人、確かにいますね。私も気になります。こんな日本語あるものかと思うのですが、当の本人は、冗談の受け狙いでいっているのでしょうか、それともマジでいっているのでしょうか。「自」に「己(おのれ)」はあっても、「他」に「己」があるはずはないですよね。「他己」が「蛸」を連想させて面白いからそういっているのかもしれませんが、「他者紹介」というのが正しいです。

同じような理不尽な言い方に、「お耳にかかる」というのがあります。ラジオのMCが、「また来週お耳にかかりましょう」などとエンディングの挨拶をするのですが、もちろん冗談であると信じたいです。「お目にかかる」はあっても、「お耳にかかる」はないはずです。「お耳を拝借」はあっても「お目を拝借」はありません。「目にとまる」はあっても、「耳にとまる」はないように、目と耳とは機能が異なるのですね。「目と鼻の先」はあっても、「目と耳の先」はないように、目と耳は遠い存在なのでしょう。

先日日本語教授法関連の授業で、学生に発表をさせたところ、「間接法」というので、それを正したら、「どこかで書いてあるのを見たことがある」というのです。媒介語を用いずに教授する「直接法」に対して、媒介語を介して教授する方法のつもりで「間接法」といっているのでしょうが、どうも安直すぎるようですね。「直接話法」と「間接話法」の勘違いでしょうか。

ここで懸念されるのは、「冗談が昂じてマジになる」ことなのです。殊に教師やマスコミからの感染力は強いです。冗談が独り歩きしないよう、しっかり「自己管理」しておきましょう。

かけこみ人　聞き慣れたり見慣れた言葉は、たとえそれが間違いであっても、だんだん正しい言葉に思えてくるのですね。

説法99　手を洗う

かけこみ人　日本語には、「足を洗う」や「顔が広い」など、体の部分を使った慣用表現がたくさんありますが、他の言語でも同じように使うのでしょうか。

住職　確かに日本語には、体の一部を使った慣用表現がたくさんありますね。

それらを使うと表現力が豊かになりますよね。

学生の成績ガイダンスをしているとき、アルバイトに精出して勉学が疎かになっている中国人留学生が、「手を洗います」といってきました(決してアルバイトが悪いことだといっているわけではありませんが)。場面からすぐに「足を洗う」ことだろうと推察できましたが、ちょっと気になったので、調べてみました。

「足を洗う」は、英語では、〝Wash one's hands〟で「手を洗う」。中国でも「洗手」、韓国語で

も「손을 씻다」（手を洗う）と「足」ではなく「手を洗う」を使うようです。

一方「顔が広い」は、英語では〝Have a large circle of friends〟で、「大きな輪」となり、中国語では「瞼大」（顔が大きい）、韓国語では「발이 넓다」（足が広い）になるそうです。

ことわざや慣用句って、似ているようで、使い方を間違えると全く反対の意味になったりしますので、注意が必要ですね。

学生が「先生は顔が大きいですね」といってきても決して怒ってはいけないのですね。

「手を洗う」といってきた学生には、親の顔を汚さぬよう頑張ること、手を抜かずに勉学に精出すようアドバイスしておきました。

かけこみ人　体の一部を使った表現って意外と多いのですね。じょうずに使えば、表現に幅が増すのですね。どんな表現があるか、調べてみたいです。

説法100　到着次第

かけこみ人　先生のこれまでのお話から、日本語教育の知見が日頃の日本語を見直すのに役立つことがよく分かりました。ほかに何かいい例があったら教えてください。

住職　先日テレビのNHKニュースを見ていたら、女性キャスターが、「日本に到着次第…」といったので、耳を疑いました。まさかあの聡明そうな美人キャスターが！天下のＮＨＫが！と同時に思わずニヤリとしました。

日本語教育では、「〜次第」は「ます形」に付くと教えます。「着きます⇒着き次第」「できます⇒でき次第」「戻ります⇒戻り次第」。このルールで行くと漢語動詞も、「到着します⇒到着し次第」「帰国します⇒帰国し次第」「終了します⇒終了し次第」などとなるはずですよね。

日本人の言語表現に日本語教育のアイデアがずいぶんと役に立つのです。日本語が乱れているというのなら、日本人にも「国語」ではなく「日本語」の授業をしてほしいと訴えたいです。

日本語教育の知見は、「おわかりにくい」なんてのも、「書きます⇒書きやすい／書きにくい」「わかります⇒わかりにくい」「おわかりになります⇒おわかりになりにくい」と容易に推測できるでしょう。「すごいびっくりしました」も、「早い⇒早く起きます」「正しい⇒正しく話します」「すごい⇒すごくびっくりしました」が理に適ってきます。

日本は今、多文化共生社会へと向かっています。日本語を母語としない人と会話を交わす機会も拡大しつつあります。ひょっとすると、日本語母語話者よりも非母語話者のほうが正しい日本語を話す時代が近く到来するかもしれませんね。あるとき駅のホームで、「この電車は京都に停まりますか」と聞かれました。発音から日本人ではないだろうと思ったのですが、日本人ならとりわけ「この電車、京都、停まります？」などと聞くところでしょう。私は「わかりやすく」、「はい、京都に停まります」と答えました。

かけこみ人　先生の主張される、「日本人にも日本語を」という意味が改めてよく分かりました。

説法101　ハンパない

かけこみ人　「ハンパない」という言葉をよく聞くのですが、「ハンパじゃない」が正しいいい方ではないのですか。

住職　おっしゃる通りです。私も先日、「今日はハンパじゃないほど暑いね」と学生にいったら、「ハンパないといってください」と訂正されました。

「ハンパ」が「中途半端」から来ていることは明らかなのですが、「中途半端じゃないほど極度に、異常に」の意を表すのであれば、「中途半端な時間」「ハンパな仕事」などの否定形は、「中途半端じゃない」「ハンパじゃない」が文法的に正しいはずなのですが、文法通りにいかないところに若者言葉の特徴があるのですね。「この暑さはハンパない」「ハンパないほど寝た」のように使うようです。「信じられないほど／これまでに経験したことがないほど」などと、どこがどうすごいのか、その程度をいちいち説明しなくても、「ハンパない」で、若者間では共通認識が得られるようですね。さらに程度がものすごいことを表すには、「まじハンパない」「ガチでハンパない」のように表すらしいです。

確かに、ものの程度を形容しなくてもいいのは便利ですね。よく似た使い方に、「めっちゃ／超」がありますが、「めっちゃ暑い」といわれても、「非常に暑い」ことは分かるものの、「息苦しいほど暑い」のか「我慢の範囲内ではあるが、とても暑い」のかは伝わりにくいですよね。「ハンパなく暑い」といわれても、暑いことは暑いにしても、経験的知識から暑さを測るのはむずかしくなります。

もはやこうなると、「ハンパない」は、新しい言葉として扱った方がいいようです。「～じゃない」の「じゃ」が悪者扱いされたようで、邪(じゃ)悪な感じがしてきます。若者言葉は、ハンパないほどむずかしいですね。

かけこみ人　すっきりしました。文法の間違いというより、先生のおっしゃるように、新しい言葉として捉えたほうがいいかもしれませんね。

説法102　燃えるゴミ／燃えないゴミ

かけこみ人　先日、遊びに行った公園でゴミ箱を見たら、「燃やせるゴミ」と書いてありました。私の住んでいる地域では、「燃えるゴミ／燃えないゴミ」と分別しているのですが、どちらが正しいのでしょう。

住職　皆さんの住んでいる地域では、どのようにゴミを分別収集しているでしょうか。「燃えるゴミ／燃えないゴミ」でしょうか。それとも「燃やすゴミ／燃やさないゴミ」でしょうか。あるいは「燃やせるゴミ／燃やせないゴミ」でしょうか。

　市町村が出している「ゴミ・カレンダー」やゴミ収集場の看板を見てもどれもあるのです。またコンビニの前や公共施設、店舗などでも統一されたものがないのです。ゴミ・カレンダーでは「燃えるゴミ」となっているのに、収集場では「燃やせるゴミ」となっているケースもあるようです。さらに「燃物／不燃物」という表示もあるようです。

結局、表示はどうであれ、回収されるゴミの種類に違いはないのでしょうが、ゴミそのものに対する考え方が異なってきますよね。

つまり「燃える／燃えない」なら、ゴミそのものの性質を表しますが、「燃やす／燃やさない」なら、誰が「燃やす」のか、という主体を問われることになります。「燃やせる／燃やせない」なら、ゴミの性質では「燃える」けれども、「燃やしても毒物は排出されないか」という「許可」を問うことになります。市町村の環境課や店舗の担当者がどう表示するか。個人的な語感で決めているだけで、他意はないと思いますが、言葉じりを捉えると、こんなことになってしまいます。

皆さんのお住まいの市町村ではどう表示されているでしょうか。また出かけたついでに公共施設のゴミ箱をのぞいてみてください(中まではのぞかないで)。

かけこみ人　今まで気づいたことも、考えたこともなかったのですが、確かに市町村や施設によって異なるかもしれませんね。気を付けて観察してみます。

説法103　腹痛が痛い

かけこみ人　「腹痛が痛い」とはいえないのに、「電流が流れる」といえるのはなぜですか。

住職　以前にもそのような質問を受けたことがあります。不思議ですね。

私の答えは、およそこうです。

「腹痛」と聞いて「おなかが痛い」と思わぬ人はいませんよね。「腹痛」＝「おなかが痛い」が成立するのに対して、「電流」と聞いて「電気が流れている」ことを思い浮かべる人はいるでしょうか。つまりその状態がイメージ化しにくい場合には、動作や状態を付加しなければならないのではないでしょうか。

「朝食／夕食」を「食べる」も「朝食／夕食」には「食べる」概念は含まれていません。「数学／化学を学ぶ」「電灯が灯る」などもこの例です。

ここで面白いことに気付きました。

「紅葉(こうよう)が紅くなる」とはいえないですが、「紅葉(もみじ)が紅くなる」ならいえますよね。それは、「こうよう」には「紅くなる」イメージが強く、「もみじ」では、紅く染まった景色全体が思い浮かぶためではないでしょうか。

「落葉が落ちる」も葉っぱの一枚一枚が落ちる情景よりも、晩秋のうら寂しい情景が思い浮かんできます。

そもそも「氷がこおる」「お湯が沸く」などもおかしな表現となりますが、日本語はどうやら「結果」に重きを置く言語であるようですね。「腹痛」や「もみじ」「落葉」はまさに「結果の状態」であり、「結婚することになりました」なども、「成り行きの結果」と考えられるでしょう。

そろそろ話を終える時間となりました。「音楽」でも「楽しんで」気分転換するとしましょう。

かけこみ人　昔、「危険が危ない」なんて流行語があったかと思いますが、これは明らかにおかしな日本語ですよね。それを面白おかしくジョークにしていたのだと思います。

説法104　無理

かけこみ人　寒風の吹き荒れる冷たい日、スーパーから出てきた女子高生から「無理！」と聞こえたのですが、この「無理」の使い方は正しいのでしょうか。

住職　そうですね。私の辞書にもありませんので、『広辞苑』(第六版)に助けを求めてみましょう。なるほど『広辞苑』では、

①道理のないこと。理由のないこと(無理を通す)
②強いて行うこと(無理をして体をこわした)
③行いにくいこと(子供には無理だ)

などとありますが、「状況が厳しいこと」なる意味はないようです。「もうこれ以上は無理だ」とか「無理なお願い」では、「本来不可能」であることを表しているのですが、どうやら「無理」の困惑度が低下しているようですね。

大学でも学生たちがよく、「宿題めっちゃ多い、無理」「今日これからバイト、無理」などと使っているのを耳にします。「無理」と愚痴りながら、けっこうこなしていくところが面白いですね。つまり「無理」とは「不可能」ではなく、「厳しい」とか「困難だ」という程度まで、意味の範囲を広げたことになります。

そういえばうちの娘も、「仕事に疲れた、もう無理！」とか「明日6時起き、無理！」などとよくいっていることを思い出しました。「仕事、無理！」といわれて、仕事を辞めるのではないかと、親心から心配していたの

ですが、「無理が通れば、道理も通る」ようで、さほど気にすることはなさそうですね。

学生に宿題やレポートを出して、「無理」といわれても、なんら動ぜず、「無理を通す」学生に敬意を表したいですね。

この「無理」、「無理、無理」といいながら、ケーキをパクパク、こんな心理と同じなのでしょうか。

かけこみ人 そうすると、「無理なお願い」といってこられても、依頼人はさほど無理なことだとは思っていないのかもしれませんね。「必ずなんとかなる」と期待しているかもしれません。

説法105 メダルなしでは帰られへん

かけこみ人 最近の若い人って、「ら抜き言葉」しか使わないように感じるのですが、「来れる」「食べれる」などはすでに市民権を得たのでしょうか。
住職 オリンピックをテレビで観戦していて、面白いことに気が付いたのです。
メダリストへのインタビューで、「ここまで来れた」「間近に見れた」「なんでも食べれる」など、みんながみんな「ら抜き言葉」を使っているのですね。選手は若い人が多いので、それもさほど不思議には思わないのですが、さすがにインタビュアーのキャスターは「来られた」「見られた」などと、「ら抜き言葉」を使っていないことに安心しました。

ここで不思議に思うのですが、「来る」「見る」「食べる」などの使用頻度の高い動詞は、普段耳にしたり口にしたりすることが多いでしょうから、インプットがアウトプットに結び付くという原理は成り立つのですが、「連覇が成し遂げれた」「目標が見据えれた」などの使用頻度の低い動詞も「ら抜き」化してしまうのですね。

日本語学習者なら、グループ1(五段)動詞、グループ2(一段)動詞などと、一つひとつの動詞をグループ分けして、文法を意識しながら発していくしかないのですが、母語話者の場合は、すでに頭の中でポイントが切り替えられており、そこにしか入線できないようなシステムが出来上がっているのではないかと推測されます。

同じくインタビューを受けた関西方言の話者が、「メダルなしでは帰られへん」といったのですが、なぜかまともな日本語を聞いたような気がしました。

関西方言では、グループ1(五段)動詞は、「行かれる」「書かれる」「入られる」のように尊敬の形と同じ活用をします。関西の若い人たちは、「行く」は「行かれる」「食べる」は「食べれる」と、本来の可能形と逆の方向へ進んでいっているのが面白かったです。

かけこみ人　先生もやはり「ら向き言葉」には異を唱えていらっしゃるのですね。安心しました。

それにしても「ら抜き言葉」花盛り。「ら抜き」なしではしゃべられへん。

説法106　落ちはりましたよ

かけこみ人　関西では、「〜はる」を付けて、「行かはる」「食べはる」などと、敬語を表すことがよくありますが、なんだかやさしさを感じます。

住職　先日こんな経験をしました。市内のスーパーで買い物をして、商品を袋詰めしているとき、隣にいた中年女性が「落ちはりましたよ」と教えてくれたのです。確かにものをひとつ「落として」いました。

関西(殊に京都)では、「雨降ってきやはった」「鍵壊れはった」のように、ものまで擬人化して「〜はる」敬語を用いるのです。

ではなぜここで「落とさはりましたよ」と、他動詞＋敬語を用いないのでしょうか。

他動詞には話し手の「意志」が強く働きますよね。「鍵が壊れた」のと「鍵を壊した」とでは、責任の所在が大きく異なってきます。道路で探し物をしている人には、「何か落とさはったのですか」と、本人の過失を問う表現を用います。「強盗は鍵を壊して部屋に侵入した」としかいえません。「落ちはったんですか」とは、本人の意思に反して「子供が池に落ちた」(あまり書きたくないですが)ときの表現になります。

最初の例に戻ると、「ものが落ちた」のは、本人の過失ではないでしょうから、自動詞を用いて「自然の成り行き」として表現し、それに敬語を付加して相手を敬う他者配慮の表現が関西にはあるのではないでしょうか。「落ちられましたよ」とか「お落としになりましたよ」とはいえませんよね。

確かに「〜はる」敬語は便利です。「いらっしゃる」や「召しあがる」などの特別の形を覚えなくても「行かはる」「食べはる」で十分な敬意が表せるので、「〜はる」敬語を学ぶのはやさしくても、学習者が「落ちはりました」の表現を習得しやはるのは、なかなか容易ではないでしょう。

かけこみ人　関西に住んでいると、「〜はる、〜はる」とよく聞きます。とても丁寧な感じがします。

説法107　8時ぐらいに起きました

かけこみ人　およその時間を表すとき、「8時ぐらい」などと、「ぐらい」を使う人が多いようですが、「8時ごろ」と、どちらが正しいのでしょうか。

住職　そうなんです。近ごろ気になる言葉のひとつに「8時ぐらいに起きました」というのがあります。「時の前後を示す」場合、「く(ぐ)らい」ではなく、「こ(ご)ろ」を用いるのが正しいのではと思います。

学生にかぎらず、人の話すのを聞いていると、「くらい」を使うことが多いようです。

三省堂の『例解新国語辞典』には、次のようにあります。

【くらい】ものごとのおおよそのはんいを示す。だいたいの数量・程度を表す。

【ころ】ある時を、その前後をふくめてばくぜんと示すことば。

ですから、やはりここはやはり、「8時ごろに起きました」とするのがよかろうと思います。両者の使い分けについて、NHKニュースを丹念に調べたことがありますが、キャスターが「くらい」を使用する場面に一度たりと遭遇したことがありません。

次のような状況で、「くらい／ころ」のいずれを選択するか、時の範囲が広くなるほど、「くらい」の使いづらくなることが分かります。
・6時〔ぐらい／ごろ〕に帰ります。
・6月20日〔ぐらい／ごろ〕に行きます。
・6月のおわり〔ぐらい／ごろ〕に行きます。
・春〔ぐらい／ごろ〕に咲きます。
・1970年〔ぐらい／ごろ〕にはやりました。
・紀元前5世紀〔ぐらい／ごろ〕に勃興しました。
皆さんなら、どこまで許容できるでしょうか。

ちなみに「子供の〔くらい／ころ〕に」のような名詞と「の」で接続する場合には、「ころ」しか使えないことからも、この状況では「ころ」が正用と考えられます。

かけこみ人　やはりそうですよね。日本語教科書には「ごろ」しか載っていないと聞いたことがあります。日本語学習者のほうが正確な日本語を話していることってあるのですね。

説法108　1、000円からお預かりいたします

かけこみ人　買い物や食事をしてお金を払うとき、「1、000円から、お預かりいたします」などとよくいわれます。この「から」はいったい何なのですか？

住職　そうですね。昔はこんなことといっていなかったように思いますね。また「預かったら返してよ！」といいたくなりますよね。

いったいいつからこういうようになったのでしょうか？　これはスーパー、コンビニ、ファミレス用語ともいえるもので、それを耳で聞いて覚えると、そこで働く人たちがみんな使い出すという、おかしな言語習得が起こっているのです。

実際店員さんの使用する日本語に関して、ずいぶんと投書や苦情も多いそうです。「お鍋のほう、熱くなっております」「ご注文は以上でよろしかったでしょうか」などもよく聞く指摘です。あるファミレスなどでは、こうした用語を使用せぬよう、店員さんに注意しているそうです。

私は、スーパーのレジでいろいろと実験をしたことがあります。たとえば、630円で買い物をしたとして、1、000円札を差し出す、630円ちょうど差し出す、1、000円と30円を差し出す。そしてそれを、若いアルバイト風のレジ嬢のときと、年配女性のときにやってみたのです。すると次のことに気づきました。概してちょうど630円出したときには、「から」は入りません。

でも、おつりの必要なときは「から」が入るのです。さらにこれは、若いレジ嬢の場合だけで、年配女性の場

合には「から」は入らないようです。「お預かりします」はかつては若かったレジ女性も使用していました。

ファミレスやファーストフードの店でアルバイトを経験した若い人たちが、こうした日本語をさもありなんと使用していくのは恐ろしいですね。やはり「言語習得はまず耳から」、というわけでしょうか。

ファミレスやコンビニなどでアルバイトを経験した(している)皆さんには、アルバイト先での使用状況を教えていただきたいです。

ご意見のほう、お待ちしております。

かけこみ人　私もコンビニでアルバイトをしたことがあるのですが、このように話せと店長から指導を受けました。耳が慣れてしまって、どこがおかしいのか、鈍感になっていることが多いですね。

【著者紹介】

中川　良雄（なかがわ　よしお）

関西学院大学大学院文学研究科博士課程後期課程修了。

現在、京都外国語大学外国語学部日本語学科教授。

専門は、日本語教育方法論、日本語教員養成。

著書に、『秘伝日本語教育実習プロの技』（凡人社）、『日本語教授法』（共著、とうほう）、『日本語上級総合問題集－日本語能力試験１級対応－』（国書刊行会）、『日本語能力考試模擬試題集Ｎ1』（共著、上海教育出版社）等多数。

挿絵：駒居　昌美（こまい　まさみ）

日本語かけこみ寺
―こんな日本語、だいじょうぶ？―

二〇二〇年三月二二日初版発行

著　者　中川良雄
発行者　萱原　晋
発行所　萱原《かやはら》書房
郵便番号一五〇-〇〇三一
東京都渋谷区桜丘町二九-三五
☎〇三-三四六二-五二五一
振替00150-5-21073
ISBN978-4-86012-104-4 C0281

印刷／厚徳社・小沢写真印刷